消费者电子服务使用行为研究

宋宏磊　著

企业管理出版社
EMPH
ENTERPRISE MANAGEMENT PUBLISHING HOUSE

图书在版编目（CIP）数据

消费者电子服务使用行为研究 / 宋宏磊著. —北京：企业管理出版社，2020.5

ISBN 978-7-5164-2132-1

Ⅰ. ①消… Ⅱ. ①宋… Ⅲ. ①电子商务–消费者行为论–研究 Ⅳ. ①F713.55

中国版本图书馆 CIP 数据核字（2020）第 069955 号

书　　名： 消费者电子服务使用行为研究
作　　者： 宋宏磊
责任编辑： 寇俊玲　　黄　爽
书　　号： ISBN 978-7-5164-2132-1
出版发行： 企业管理出版社
地　　址： 北京市海淀区紫竹院南路 17 号　　　邮编：100048
网　　址： http://www.emph.cn
电　　话： 编辑部（010）68701638　发行部（010）68701816
电子信箱： qyglcbs@emph.cn
印　　刷： 北京虎彩文化传播有限公司
经　　销： 新华书店
规　　格： 170 毫米 ×240 毫米　16 开本　11.75 印张　157 千字
版　　次： 2020 年 5 月第 1 版　　2020 年 5 月第 1 次印刷
定　　价： 45.00 元

PREFACE 前言

随着移动互联网和智能电子终端的快速发展，人们的工作方式和生活模式也发生了巨大改变。以移动互联网为依托的电子商务、电子政务、电子支付，以及其他各类电子服务也在迅速发展和被用户所接受。电子服务作为一种新的服务模式，是传统客户服务和交易服务的网络化，为电子商务和电子政务的发展提供了支撑，是信息技术和服务在互联网和移动互联网中的融合。各类组织对其服务的电子化转移，可以为用户、组织本身和社会经济发展带来多重的利益。

本书对行为理论、电子服务研究、信任感研究和风险研究进行了详细的梳理和对比分析，并以此为理论基础，在互联网和移动互联网的情境下对消费者的电子服务使用行为进行综合研究。研究结果首先分析了消费者电子服务使用行为的影响因素，并对消费者电子服务使用过程中的个人感知变量的前因影响因素进行探索研究，在此基础上构建消费者电子服务使用模型。通过实证分析对理论模型和假设进行检验，根据检验结果对理论模型进行了修正。研究发现，电子服务质量（其中包括系统质量、服务质量、信息质量）、社会影响、便利条件和自我效能作为影响消费者感知的前因变量，对个人感知变量方差变异量有很好的解释力；感知有用性和感知易用性所影响的态度变量、社会影响变量、条件便利和消费者信任感变量会正向、显著地影响消费者对电子服务的使用行为意愿。

同时本书通过对中国工商银行股份有限公司（以下简称“工商银行”）成功发展和推广电子银行的案例进行分析，总结和探讨了影响工商银行网上银行和手机银行成功推广的因素，并与前文的理论模型和实证研究结论进行了比较分析和补充。最后本书探讨了研究的理论贡献和实践指导意义，对研究的局限进行了客观的陈述，对未来的研究提出了建议。

宋宏磊

2020 年 2 月

CONTENTS 目录

第1章 绪　论

1.1 研究背景

1.1.1 实践背景

自20世纪90年代以来，互联网和信息技术的迅速发展不仅使互联网经济、电子商务成为企业的热点话题，更使与互联网、移动互联网相关的问题成为学术界研究的重点理论领域。进入21世纪后，中国的互联网进入了快速发展的阶段。尤其是最近5年，中国互联网的发展可以说是突飞猛进。根据中国互联网络信息中心（CNNIC）的第44次《中国互联网络发展状况统计报告》显示，截至2019年6月，我国网民规模达8.54亿人，较2018年年底增长2598万人，互联网普及率达61.2%，较2018年年底提升1.6个百分点；我国手机网民规模达8.47亿人，较2018年年底增长2984万人，网民使用手机上网的比例达99.1%，较2018年年底提升0.5个百分点。与5年前相比，移动宽带平均下载速率提升约6倍，手机上网流量资费水平降幅超90%。“提速降费”推动移动互联网流量大幅增长，用户月均使用移动流量达7.2GB，为全球平均水平的1.2倍；移动互联网接入流量消费达553.9亿GB，同比增长107.3%。我国互联网经济活动正处于高速传播和扩散的阶段。

在移动互联网和智能手机普及的同时，人们的工作方式和生活模式也发生了改变。电子商务正成为企业新的商务模式被越来越多的网民和企业所接受，随着阿里巴巴、京东、当当、拼多多等电子商务企业如火如荼的发展，在移动互联网上购买商品成为一种重要的消费方式和娱乐方式。组织机构、政府部门也在不断完善网站建设，使用户可以通过网站、APP、公众号等获取部分或全部的服务功能，其中车辆交通信息查询、在线教育、电子医疗服务、公共考试的报名、电子缴费都是典型的电子服务的呈现形式。这种以互联网和移动互联网为媒介平台的电子政务，作为政府新的服务模式被越来越多的民众所接受和使用，并为民众带来便利。无论是电子商务的发展，还是电子政务的推广，其中都包含着一种新型的、以互联网和移动互联网为支撑的服务模式，就是电子服务（Electronic Service）。电子服务是服务的电子化、网络化。规范地讲，电子服务是一种交互的、以内容为中心的、以互联网为基础的客户服务；电子服务受用户驱动，并整合了相关的企业用户支持过程和技术，以加强服务提供者和用户关系为目标（Ruyter 等，2001）；电子服务是电子商务和电子政务的一部分，对电子商务和电子政务中的信息沟通和保证交易进行支持，也是企业和组织的服务业务电子网络化。现阶段通过互联网和移动互联网的电子服务主要表现方式有 3 种：一是向用户提供传统的用户服务支持；二是向用户提供信息咨询与查阅服务；三是向用户提供组织的传统功能或交易的服务业务。

电子服务是发展电子商务和电子政务的支撑，也是企业和组织的新的服务模式和竞争形式，伴随着互联网的发展，拥有巨大的发展空间。组织通过提供和发展电子服务可以为组织、用户和宏观网络经济提供三重利益。在组织层面，企业和组织通过发展电子服务既可以加强和增进顾客与服务提供者之间的关系，提升交易效率，增加顾客满意度（Ruyter 等，2001），又可以使企业减少运营成本，扩大收益，开通新的盈利渠道，吸引新的用户（Roland 等，2003；Ruyter 等，2001；Yang Z 等，2003），使企业在新的互联网和移动互联网竞争环境下取得竞争优势和用户群体。在用户层面，电子服务为用户提供了更为广阔、便利的信息源，节省了用户进行相关交易的时间成本和人工成本，为用户提供了便利。在互联网经济层面，电子服务的迅速发展和完善，也推动了互联网商务交易和事业单位电子政务服务的发展和普及。虽然电子服务增进了组织与顾客的关系，提高了交易效率，扩大了收益的可能性，为用户提供了便利和丰富的服务，并促进了电子商务的发展，但也经常由于用户不愿意接受和使用这种新型的服务形式而受阻。因此，在互联网和移动互联网情境下，研究用户对电子服务的使用行为和影响用户使用电子服务的因素成为互联网研究领域的重要课题，对企业和组织的发展，以及电子商务的发展都具有重要的现实意义。

1.1.2 理论背景

20世纪80年代以来，研究者从个体角度对用户接受行为进行了研究。随着电脑技术和信息技术的产生和发展，关于“用户对信息技术接受（User Acceptance of Information Technology）”的研究受到了理论界和实业界的关注，成为信息科学领域和消费者行为领域的研究前沿课题。关于用户对信息技术接受行为的研究主要基于心理学和社会心理学基本理论，是研究个体对技术接受进行决策的心理过程，认为外部因素通过个体内在的价值和信念才能对个体的使用意愿和使用行为产生影响。个人信息技术接受研究主要关注个体信念与使用意愿的关系，以及决定个人使用意愿信念的构成，主要依托和发展了理性行为理论（Theory of Reasoned Action，TRA）、计划行为理论（Theory of Planned Behavior，TPB）、技术接受模型（Technology Acceptance Model，TAM）、技术接受和使用整合模型（Unified Theory of Acceptance and Use of Technology，UTAUT）、创新扩散理论（Innovation Diffusion Theory，IDT）等。近年来，随着移动互联网的发展和迭代，以及移动智能手机的普及，以用户行为理论为基础的个人与网络相关活动研究被学术界所关注，其主要研究涵盖用户对电子商务、网上购买行为、社交网络行为、社交媒体使用行为、电子政务行为、电子图书与在线教育行为等研究。在互联网情境下，新的个人感知变量被引入原有的用户行为理论，对用户新技术使用行为进行研究（Gefen，2003；McKnight、Kacmar和Choudhury，2004；Lee和Turban，2001；Harris和Goode，2004；Jarvenpaa，2000；吴天石等,2018；Cheng，2019）。在互联网和移动互联网情境下，如何基于行为理论研究电子服务的用户使用行为？哪些个人感知变量会被应用到用户对电子服务使用行为的研究中？哪些因素会影响用户对电子服务的接受？这些问题仍然有待深入研究和归纳。

国内外学术界关于接受行为的研究主要是关注对行为结果的预期和感知，所以一向被批评“忽视信息系统本身的特性（Orlikowski和Iacono，2001）”。接受行为研究中的“想用”“有用性”“易用性”等概念都是主体行为性态度和信念（Behavioral Attitude/Belief）；而用户满意研究中的“系统质量”“信息质量”等是信息系统本身的特性，是针对客体的态度和信念（object-based attitude/belief）（Wixom和Todd，2005）。基于技术接受的研究对于信息技术（IT）和信息系统（IS）本身的设计和评估关注太少，而这些因素在IT/IS接受行为中又非常重要，因此，我们对用户电子服务接受的研究不应仅停留在主观态度的层面上，而是要研究客观的系统本身的特点（Benbasat和Barki，2007）。因此，研究影响个人接受行为中对个人感知产生影响的前置因素，对研究个人用户对电子服务接受使用行为有着重要的理论意义，同时对用户接受理论研究中外部变量的研究也具有重要的理论意义。

1.2 研究内容

本书将以互联网和移动互联网情境下，用户对电子服务的使用行为作为研究主体，通过分析网络用户的心理特征和行为，根据电子服务所具有的技术特性、服务特性和网络性，以理论分析和实证研究相结合的方式对用户的电子服务使用行为进行研究。本书以用户接受的视角分析影响用户使用电子服务的因素，研究影响用户个人感知的前因变量，提出互联网情境下用户的电子服务接受使用模型。

本书的具体研究内容包括以下几个方面：①用户接受使用电子服务的行为意愿的主要影响因素，以及对电子服务的接受使用意愿的影响路径；②影响用户对电子服务个人感知的前因变量及对用户的感知信念的影响；③电子服务质量对用户感知的影响；④电子服务用户使用模型的构建及实证检验。

1.3 研究意义

本书具有理论和实践的双重意义。

（1）研究的实践意义。电子服务是伴随信息技术和互联网技术产生的一种服务形式，在面对日益繁荣的互联网发展、迅速增长的电子商务、不断推广的电子政务的形势下，电子服务的发展和推广有着重要的现实意义。电子服务不仅是对电子商务和电子政务等互联网活动的支持，也是企业服务模式和商务模式的拓展。企业和组织通过电子服务可以降低运营成本、减少人力支出、扩大用户群体、提升组织形象、发展新的竞争优势等。关于用户对电子服务使用行为的研究对企业和组织发展和推广电子服务，发现推广电子服务中的所要关注的重要因素，了解用户行为特征具有重要实践指导意义。

（2）研究的理论意义。从国内外的研究文献中可以看出，关于用户接受行为的研究很多。这些研究大多集中于用户对单纯信息技术和信息系统的研究，并主要关注个人感知因素的影响，对前置影响因素的研究不多。

电子服务作为随着互联网兴起而产生的服务形式，具有信息技术特征和服务特征的双重性质。本书以研究前因变量对个人感知变量为重点，探讨用户对电子服务的接受使用行为，是对以往用户接受行为研究的不足进行弥补和探索。

1.4 研究方法

本书综合使用了规范分析和实证研究相结合、定性研究和定量研究相结合的研究方法，以保证所得结论的科学性和严谨性。在研究中，具体使用了文献综述研究法、问卷调查法、定量分析研究法、案例研究分析法，其具体应用如下。

（1）文献综述研究法。通过系统分析和整理国内外相关领域的文献资料，借鉴相关理论和研究成果，在此基础上进行电子服务的用户接受使用行为研究。本书尽可能广泛地收集和阅读了相关的文献资料，并以科学的态度，客观、严谨地在梳理与分析中取得与本书相关的资料，并进行系统的文献综述。文献综述为本书的论题选择、模型建立、变量构建和测量指标的确定提供了理论依据，并为研究方法的选择提供了参考。

（2）问卷调查法。通过设计和发放调查问卷，进行样本的数据搜集，用于检验所提出模型的有效性。问卷包括变量测量和个人信息统计两部分。通过对以往文献进行综述分析和梳理，在成熟研究的基础上提出，并检验了本书中的研究变量和相应的测量子项，在问卷中采用李克特（Likert）五分量表法对其进行测量。

（3）定量分析研究法。在前期理论分析的基础上提出电子服务的用户接受使用行为模型和假设，并通过问卷调查法收集研究所需的样本数据。研究分别对模型中的相关变量进行信度和效度检验，对测量模型进行验证性因子分析，对结构模型进行拟合度和路径分析检验。

（4）案例研究分析法。通过研究工商银行网上银行服务成功运营和推广的实例，分析提取出影响网上银行成功推广的重要因素。将案例分析的结果与本书所提出的理论模型和实证结果进行对比分析，对本书的理论研究和实证研究进行验证。

1.5 创新点

本书以用户接受理论为基础，以互联网和移动互联网为研究情境，综合使用了文献研究、定性研究、实证分析和案例分析的研究方法，对用户的电子服务接受使用行为进行了科学和规范的研究。本书从研究内容、研究方法和研究结论上，有以下4点创新。

（1）提出用户电子服务的接受使用全模型。由于电子服务具有技术和服务的双重特性，在对电子服务接受使用行为的研究中，传统的技术接受模型无法完全满足研究需要。尽管有研究者在技术接受理论的基础上加入其他研究变量，对个别电子服务形式的接受行为进行研究和探讨，但没有形成一个系统的模型。本书深入技术和服务双重视角，针对电子服务的特殊性质，提出电子服务的接受使用全模型。

本书中的理论模型系统地概括了影响用户对电子服务接受使用行为的主要变量，并从外部影响变量、个人感知和期望因素、用户特征3个方面研究其对使用行为意向的影响及三组变量之间的关系。通过实证研究和案例研究，证明本书中的用户电子服务的接受使用全模型具有严谨的理论支撑和较高的解释力及拟合度。

（2）研究影响用户关于电子服务的个人感知的前因变量。提出：电子服务质量、社会影响、便利条件和自我效能作为外部影响变量，直接影响个人对电子服务的感知和期望，进而间接影响其使用行为意愿。

由于学术界以往对接受行为的研究更多的是关注对行为结果的预期和感知，是针对客体的态度和信念，因此忽视了信息系统本身的特性。基于技术接受的研究对于信息技术和信息系统本身的设计和评估关注太少，而这些因素在信息技术和信息系统的接受行为中又非常重要，因此我们对电子服务的接受研究不应仅停留在主观态度的层面上，本书尝试探讨影响客体感知和期望的前因变量，延伸对系统质量等外部影响变量的探讨。通过对“影响用户对电子服务个人感知”的前因变量的研究，弥补了接受理论研究中前因变量的研究不足。

（3）研究电子服务质量对用户感知的影响。本书根据文献研究将电子服务质量引入用户电子服务接受使用理论模型，并将电子服务细分为服务质量、系统质量和信息质量 3 个方面，分析各个质量方面对用户感知的影响。本书关于电子服务质量对用户感知的影响，弥补了用户接受理论中对系统客观变量研究的不足，填补了学术空白。

（4）使用成功的企业案例对本书的理论模型和研究结论进行验证，弥补以往关于用户接受行为的研究中只注重理论分析和实证研究，对实践应用的探索较少的研究不足。

1.6 研究思路与框架

本书采用管理学研究中被普遍认可的“文献阅读与理论分析→提出模型与命题→调研收集数据→实证分析 / 案例分析→形成研究结论”的基本研究思路，具体研究思路逻辑如图 1-1 所示。

本书共分为 7 章，其中第 2 章到第 6 章为研究主体。各章的主要研究内容如下：

第 1 章绪论。阐述研究背景、研究内容、研究意义、研究方法和创新点，并说明研究思路与框架。

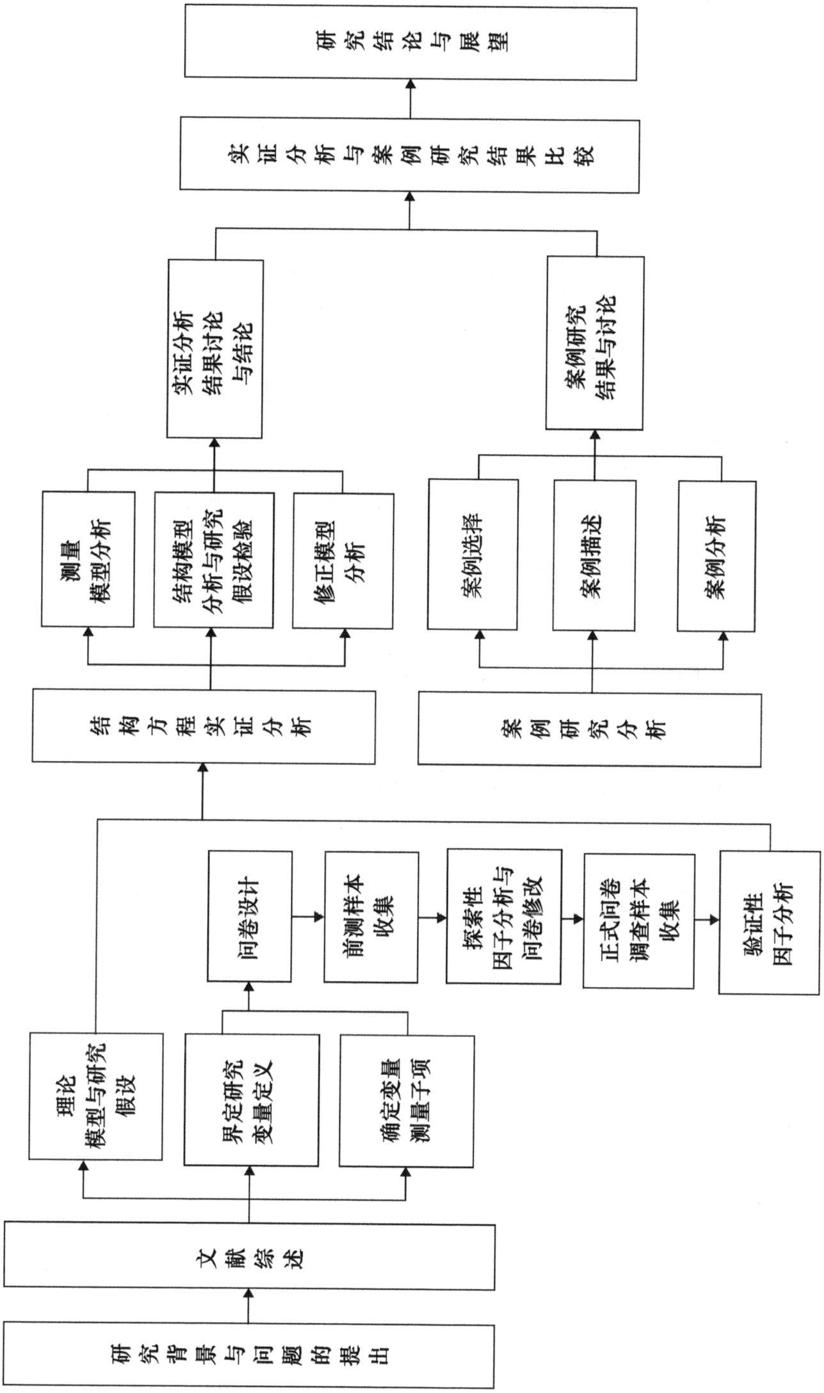

研究背景与问题的提出
文献综述
理论模型与研究假设
界定研究变量定义
确定变量测量子项
问卷设计
前测样本收集
探索性因子分析与问卷修改
正式问卷调查样本收集
验证性因子分析
结构方程实证分析
测量模型分析
结构模型分析与研究假设检验
修正模型分析
实证分析结果讨论与结论
案例研究分析
案例选择
案例描述
案例分析
案例研究结果与讨论
实证分析与案例研究结果比较
研究结论与展望

图 1-1 研究思路逻辑图

第 2 章文献综述。在理论研究的基础上，对用户行为理论进行详尽的介绍与比较分析，并简述国内外研究学者在电子服务质量、信任感、感知风险等方面的研究理论和研究成果。

第 3 章模型提出与研究设计。在文献研究与理论探讨的基础上，提出理论模型和研究假设，并对模型中所涉及的变量进行变量定义和测量指标的选择。本章最后一部分是关于问卷设计与样本数据统计。

第 4 章实证分析。本章共 6 节，第 1 节使用前测数据进行探索性因子分析，并根据分析结果对问卷进行修改；第 2 节对正式调查数据进行验证性因子分析，检验问卷数据的信度与效度；第 3 节对正式调查数据进行信度检验；第 4 节对电子服务质量变量进行二阶因子分析，以验证电子服务质量变量测量的科学性；第 5 节对结构方程模型分析，通过测量模型、结构模型和修正模型的检验与分析，得出本书理论模型的拟合度、解释度和研究假设的支持情况；第 6 节对实证分析的小结。

第 5 章实证分析结果讨论与结论。针对实证研究的数据结果对理论模型进行讨论与分析，并得出本书的实证研究结论。

第 6 章案例分析。通过选择成功推广电子服务的实践案例，从实践研究的角度分析影响企业和组织成功推广和发展电子服务的重要因素与措施，并将案例研究的结论与前文理论与实证分析的结论相比较，进行分析与验证。

第 7 章研究贡献与展望。分析本书的理论贡献和实践指导意义，并客观地列举出本书中的局限与不足，提出在本领域中未来的研究方向。

第2章 文献综述

本章根据研究主题的需要，对相关的理论和研究成果进行梳理与总结，对相关的历史研究文献进行综述，以阐明主要的研究结论并进行比较和分析，提出相关研究的关注点、启示作用与研究不足，并由此为理论模型、研究假设提供理论基础。

本章的文献综述共5节，第1节关于用户行为理论的综述与比较分析；第2节关于电子服务的文献研究综述，包括电子服务定义与电子服务质量两个方面，用以总结本书的电子服务定义、研究范围、电子服务质量的测量；第3节顾客信任感的文献研究综述，以总结本书关于信任感的定义与测量；第4节用户感知风险的文献研究综述，以总结本书的感知风险定义和测量维度；第5节对本章内容进行小结。

2.1 用户行为研究的理论基础

关于用户对新技术的接受行为研究被认为是关于信息系统的研究中比较成熟的领域（Hu、Chau、Sheng和Tam，1999），并主要以信息系统理论、心理学和社会学理论为基础，产生许多理论模型和流派。用户行为理论中最具有代表性和最重要的经典信息技术接受使用理论是理性行为理论（TRA）、计划行为理论（TPB）、技术接受模型（TAM）和最新的技术接受和使用整合模型（UTAUT）。此外研究者还引用其他经典理论，将其使用到信息系统研究中，形成关于用户信息技术接受使用行为的新理论，具有代表性的研究是计算机使用模型（MPCU）、创新扩展理论（IDT）和社会认知理论（SCT）在IT采纳行为中的研究使用。研究者为了弥补不同理论流派的不足，又通过对用户接受经典理论模型进行整合或分解，期望得到能够更全面解释用户信息技术使用行为的信息技术接受行为扩展理论，主要包括技术接受和计划行为联合模型（C-TAM-TPB），技术接受扩展模型（TAM2）和计划行为理论分解模型（DTPB）。

本节的文献综述将用户信息技术接受理论划分为用户信息技术使用行为研究的经典理论、用户信息技术使用行为研究的扩展理论、信息技术使用研究引用理论，通过各个理论的比较分析，选择本书的理论基础，并确定理论模型设定的思路和主要变量。

2.1.1 用户信息技术使用行为研究的经典理论

在关于用户对信息技术的使用行为研究中，被应用最广、最重要的就是理性行为理论、计划行为理论、技术接受模型、技术接受和使用整合模型。其中理性行为理论和计划行为理论起源于心理学，被广泛应用到信息技术的研究中。技术接受模型、技术接受和使用整合模型是在信息技术情境下设计的理论模型，以研究用户对信息技术的接受使用情况。

2.1.1.1 理性行为理论

理性行为理论（Theory of Reasoned Action，TRA）[①] 是用于预测和解释个人行为的模型，源于社会心理学，并被各个研究领域广泛地关注和研究（Fishbein 和 Ajzen，1975）。理性行为理论能用于解释任何一种人类行为，对于不同领域的行为，它能做出很好的解释和预测，是研究人类行为最基

① Fishbein M, Ajzen I. Belief, Attitude, Intention and Behavior: An Introduction to Theory and Research [M] . MA:Addison-Wesley Reading, 1975:288.

础、最具有影响力的理论模型之一。

理性行为理论通过研究态度、意向和行为之间的关系，提出个人的特定行为活动是由其执行这项活动的行为意愿（Behavioral Intention，BI）所决定的。而行为意愿又是由关于该行为的个人态度（Attitude，A）和主观规范（Subjective Norm，SN）按照权重比例共同决定的。理性行为理论模型如图 2-1 所示。根据相应的权重关系，理性行为理论可以用回归公式表达为

$$BI = w_1A + w_2SN \qquad \text{公式 2-1}$$

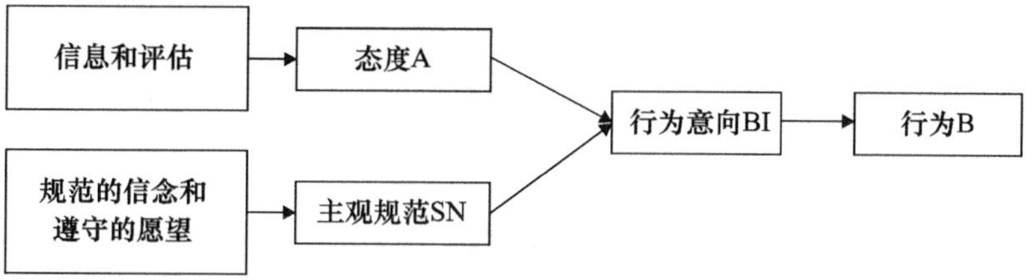

图 2-1 理性行为理论模型

理性行为理论模型中变量的具体定义为：行为意愿（BI）是指个体愿意执行某项行为的意愿；使用态度（A）是指个体对执行某项行为的积极的或消极的感觉；主观规范（SN）是指“个人关于对他们很重要的人认为赞成或反对他们执行某项行为的感知（Fishbein 和 Ajzen，1975）”。

根据理性行为理论，个人对一项行为的态度是由他或她对执行此行为的信念强度（b_i）和对执行此项行动的结果评价（e_i）共同决定的。其中信念（b_i）是指个人在执行一项行为并取得预期结果的主观可能性。结果评价是指对结果的评价反应（Fishbein 和 Ajzen，1975）。其公式表达为

$$A = \sum b_ie_i \qquad \text{公式 2-2}$$

此方程反映了外部刺激通过影响个人的信念结构间接影响个人的态度形成与改变（Ajzen 和 Fishben，1980）。

理性行为理论认为，个人主观规范（SN）是由个人的规范信念

（Normative Beliefs，nb_i)(例如对某个团体或个人的感知）和个人对这些感知的遵守愿望（Motivation to Comply，mc_i）共同决定的（Fishbein 和 Ajzen，1975）。其公式表达为

$$SN = \sum nb_i mc_i \qquad \text{公式 2-3}$$

理性行为理论是一个通用模型，而不是为某一特定行为而设定的专用模型。研究者在使用理性行为理论模型时，先要通过调查确定个人关于相关行为的主要信念。理性行为理论可以用来解释各种人类行为，也可以解释个人对信息技术的接受使用行为。理性行为理论在解释信息技术方面的一个重要贡献是：该理论认为任何因素对使用行为的影响都是间接影响，是通过这些因素对个人态度和主观规范的影响，以及它们的权重比例共同产生的。

因此，根据理性行为理论，系统设计、个人特征、任务特征、政治环境、组织结构等变量都会被作为“外部变量”进行研究。理性行为理论的核心是无法控制的环境变量通过可控的主观变量产生中介效应，进而影响用户的使用行为。理性行为理论自从被提出后，就被应用到很多领域去研究个人的使用行为，并对其进行验证和发展。本书根据理性行为理论中关于外部变量通过个人态度主观变量的理论，提出本书的模型结构。

2.1.1.2 计划行为理论

计划行为理论（Theory of Planned Behavior，TPB）[①] 是理性行为理论（TRA）的延伸，是 1985 年 Ajzen 在 TRA 的基础上增加了感知行为控制（perceived behavioral control，PBC）构念，以满足在个人无法完全可控制其行为条件时对用户行为的预测与研究（Ajzen，1985），并已经成功地用于解释个人的接受行为和在不同技术的使用上（Taylor 和 Todd，1995b；

① Ajzen I.From Intention to Action: A Theory of Planned Behavior, Action Control: From Cognition to Behavior［M］. New York:Springer Verlag, 1985: 11-39.

Harrison 等，1997；Mathieson，1991）。

计划行为理论认为，使用行为（B）是由行为意愿和感知行为控制（PBC）共同直接决定的。而行为意愿是由使用态度、主观规范和感知行为控制三个因素所决定的。计划行为理论模型如图 2-2 所示。

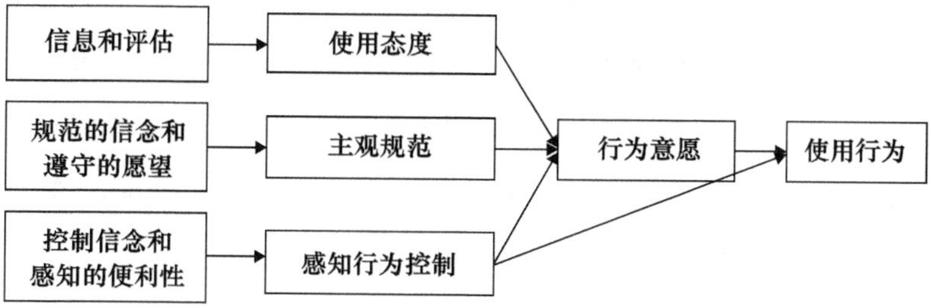

图 2-2　计划行为理论模型

计划行为理论是理性行为理论的扩展，其中使用态度和主观规范的定义与理性行为理论中的定义相同。感知行为控制是指个人关于完成某项行为的容易或困难程度的感知，它反映个人对某一行为过去的经验和预期的阻碍（Ajzen，1991）。如果一个人认为自己在完成一项行为时拥有较多的资源和机会，其对行为的感知控制就越强。感知行为控制由控制信念（Control Beliefs）和感知便利性（Perceived Facilitation）所决定。控制信念是对所拥有技术、资源和机会的感知。感知便利性是对"这些资源、机会对行为影响的重要性"的判断。因此，感知行为控制是个人执行某些行为活动时所需要的资源与机会（cb_k），这些资源与机会由执行这项行为的重要程度（pf_k）所决定，其公式可以表达为

$$PBC = \sum cb_k pf_k \qquad \text{公式 2-4}$$

整个计划行为理论模型可以用数学公式表达为

$$B = w_1BI + w_2PBC,$$
$$BI = w_3A + w_4SN + w_5PBC \qquad \text{公式 2-5}$$

根据计划行为理论，当使用态度与主观规范为正向，并且感知行为控

制越强时，个人的行为意愿就越强。TPB是在TRA的基础上引入了感知行为控制这个变量，这样做是因为人类的大部分行为都是不完全在意志控制下的行为。在个人行为处于不完全控制之下时，人们在完成某项行为时就会依赖所需的资源和机会。而个人在执行这项行为时，也会受到其认为拥有完成行为能力的强度的影响。计划行为理论与理性行为理论相比，在解释个人行为方面具有更强的解释力。TPB和TRA在提出后都已经被研究者进行了实证检验，在社会心理学研究中，这两种理论被研究者广泛使用，用以解释和预测信念、态度、意向和行为之间的认知和影响因素。TPB和TRA被认为是用户接受理论中的重要模型。

计划行为理论将影响行为意愿的因素划分为内部心理因素和外部因素，内部心理因素，包括使用态度、主观规范和感知行为控制，它们直接影响个体的行为意愿。外部因素是通过三个内部因素间接地影响行为意愿，如对物的信念、对物的态度、情境变量、工作特征和个人特征等。计划行为理论是对一般化行为模式的预测研究模型，在对特定行为进行研究时，需要根据具体情况对其内部要素进行具体分析，再确定其测量指标。

2.1.1.3 技术接受模型

技术接受模型（Technology Acceptance Model，TAM）[①] 是Davis（1989）将TRA应用到解释用户对信息系统研究领域的特殊模型，是信息技术研究领域最重要的模型之一（Davis，1989；Davis，Bagozzi和Warshaw，1989）。技术接受模型的目标是提供关于用户对电脑接受行为的通用解释与预测。TAM以TRA为理论基础，提出两个独特的决定因素——感知有用性（Perceived Usefulness，PU）和感知易用性（Perceived Ease of Use，PEOU）作为使用态度和信息技术使用行为的决定因素。TAM通用性弱于TRA，其

① Davis F D, Bagozzi R P, Warshaw P R. User Acceptance of Computer Technology: A Comparison of Two Theoretical Models［J］. Management Science, 1989, 35(8): 982-1002.

提出时是专用于解释电脑使用行为的。其中，感知有用性是指个人认为在组织内采用一个特殊系统对其工作绩效的提高程度；感知易用性是指个人认为使用目标系统的容易程度①。

技术接受模型中，与理性行为理论相似的是使用行为，是由行为意愿直接决定的，与其不同的是使用意愿是由使用态度和感知有用性按照一定的权重比例共同决定的。可以表达为

$$B \approx BI = w_1A + w_2PU \quad \text{公式 2-6}$$

使用态度是指个人对使用该技术的喜欢或不喜欢的感觉。使用态度又是由感知有用性和感知易用性共同决定的，可以表达为

$$A = w_3PU + w_4PEOU \quad \text{公式 2-7}$$

感知有用性是由感知易用性和外部变量共同影响的。感知易用性是由外部变量所影响的，其公式可以表达为

$$PU = w_5PEOU + ExtermalVariables \quad \text{公式 2-8}$$

$$PEOU = ExternalVaribale \quad \text{公式 2-9}$$

根据上述各变量的推导公式，戴维斯提出技术接受模型如图 2-3 所示。

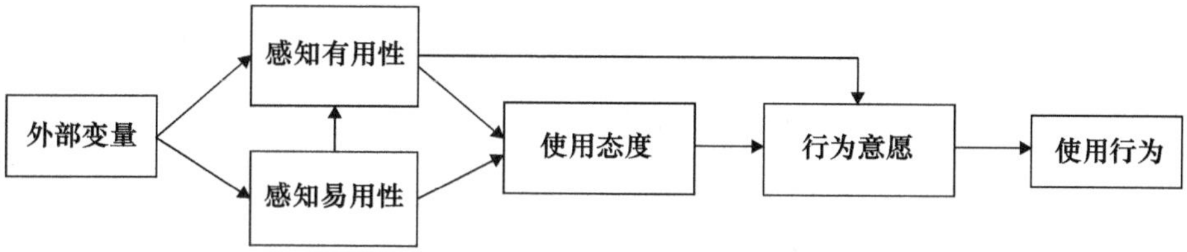

图 2-3　技术接受模型

在技术接受模型中，与 TRA 中对外部变量的思想相似，Davis 提出外部变量（External Variables）通过中介效用影响内部信念、态度和行为意愿。这些外部变量可以是用户的个人特征区别、环境约束条件和其他能影响个人行为意愿的外界因素。

① Davis F D. Perceived Usefulness, Perceived Ease of Use, and User Acceptance of Information Technology［J］. M IS Quarterly, 1989, 13(3): 319-339.

根据 TAM 和 TRA，外部变量通过中介变量对个人信念和行为意愿产生影响，但是这两种理论都没有把外部变量作为研究重点，只是提出了外部变量影响技术接受的途径。技术接受模型为了确保模型的简洁性，没有讨论社会变量对行为意愿的影响。TAM 的目的是检验感知有用性、感知易用性、态度、行为意愿和实际使用行为之间的关系，进而对用户的技术接受行为做出解释与预测。

技术接受模型已经被广泛地应用于对信息技术使用采纳的研究中，TAM 在对于信息技术的使用意愿和使用行为上解释了大约 40% 的方差（Venkatesh 和 Davis，2000）。技术接受模型的解释力和理论的简洁性得到了理论界和企业界的肯定。在 TAM 提出后，研究者根据所处领域对模型进行了不断的完善与探索，根据不同情境加入了新的内部变量和外部变量。并且在关于对信息技术使用意愿和使用行为的预测与解释的研究上，技术接受模型要比理性行为理论和计划行为理论更具有优势（Venkatesh 和 Davis，2000）。

2.1.1.4 技术接受和使用整合模型

以理性行为理论、计划行为理论和技术接受模型为代表的一系列理论模型形成了用户接受理论的基础。这些理论虽然使用的变量名称不同，但却是用不同术语表达相同的概念。并且这些理论以不同视角去研究用户行为，每个理论都是从各自的视角去研究影响行为的因素，没有一个理论系统地对这些影响因素进行归类分析。2003 年 Venkatesh 为了弥补之前理论的不足提出了技术接受和使用整合模型。

技术接受和使用整合模型（Unified Theory of Acceptance and Use of Technology,UTAUT）[①] 是 Venkatesh（2003）以先前的用户接受模型为基础，综合整理了理性行为理论（TRA）、计划行为理论（TPB）、技术接受模型（TAM）、动机理论（MM）、计算机使用模型（MPCU）、创新扩展理论（IDT）、社会认

① Venkatesh V, Morris M G, et al. User Acceptance of Information Technology: Toward a Unified View [J] . MIS Quarterly , 2003, 27(3):425-478.

知理论（SCT）、技术接受和计划行为联合模型（C-TAM-TPB）、计划行为理论分解模型（DTPB）提出的（Venkatesh 等，2003）。UTAUT 模型的建立涉及多个学科，包括心理学、行为学、社会学、信息系统等。UTAUT 对技术接受的解释力接近 70%，因此也被认为是研究技术接受的一个非常好的测量工具。

UTAUT 由 4 个核心变量构成，分别是绩效期望（Performance Expectancy，PE）、努力期望（Effort Expectancy，EE）、社会影响（Social Influence，SI）和便利条件（Facilitating Conditions，FC）。其中绩效期望、努力期望和社会影响直接对行为意愿产生影响，便利条件对使用行为直接产生影响。技术接受和使用整合模型可以用数学公式表达为

$$B = w_1BI + w_2FC$$
$$BI = w_3PE + w_4EE + w_5SI$$ 公式 2-10

其中各个变量的含义为：

绩效期望：用户在多大程度上认为使用该信息技术能够提高自己的工作绩效。

努力期望：用户认为使用该信息技术的容易程度。

社会影响：用户在多大程度上认为那些对他们重要的人会赞同或支持他们使用该信息技术。

行为意愿：个人对某项行为的执行意愿。

便利条件：用户在多大程度上认为组织或技术的“支援体系”为自己使用该信息技术提供了帮助。

针对前人实证研究中暴露出来的对于某些影响因素的解释效力或显著性有不同结论的问题，UTAUT 研究者还从社会心理学的角度，将性别、年龄、经验和自愿性等个人特征作为调节变量引入模型中，用来解释不同人群间的行为差异。其结构模型如图 2-4 所示。UTAUT 模型能够为管理者提供一个很好的工具来测量和预测使用者对信息技术的行为意愿和行为，并被广泛应用到信息技术的相关研究中。

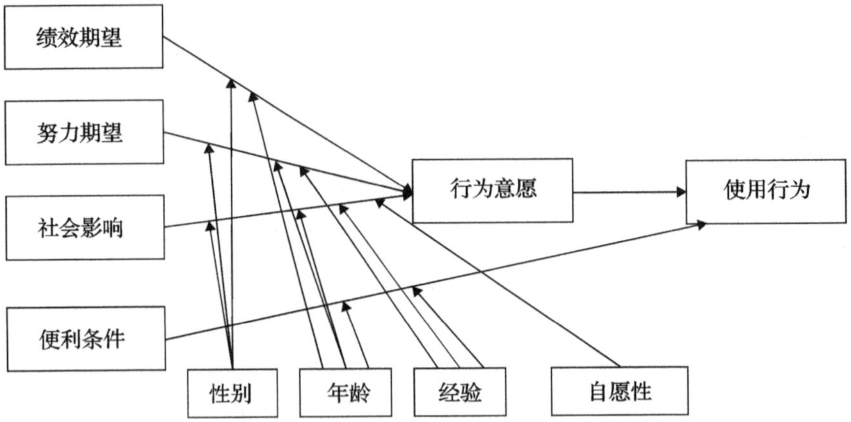

图 2-4 技术接受和使用整合模型

UTAUT 抛弃了 TRA、TPB 和 TAM 中“将影响行为意愿的变量区分内部变量和外部变量，外部变量通过内部变量间接影响行为意愿”的研究思路。UTAUT 分析了影响个人行为意愿和使用行为的因素对其的直接影响。UTAUT 引入性别、年龄、经验和自愿性 4 种个人特征变量作为条件变量，研究分析了其对使用意愿和使用行为的间接作用。

2.1.2 用户信息技术使用行为研究的扩展理论

经典的用户接受理论模型在用户对信息技术的接受和使用研究上起到很好的预测作用，但因为研究视角不同，都存在一定的不足。TAM 为了追求模型的简洁性，没有包含社会影响和感知行为控制因素对个人行为意愿的影响（Venkatesh 和 Davis，2000），但是这些因素已经被证实对信息技术使用行为有显著的影响（Mathieson，1991；Taylor 和 Todd，1995a；Moore 和 Benbasat，1991），又是计划行为理论的核心变量，并被广泛应用到社会心理学的研究中。因此研究者在对信息技术使用理论的研究中根据 TAM、TRA 和 TPB 的优势和不足，对其进行整合和细化，提出了一些扩展模型。其中具有代表性的是技术接受和计划行为联合模型（C-TAM-TPB）、技术接受扩展模型（TAM2）、计划行为理论分解模型（DTPB）。

2.1.2.1　技术接受和计划行为联合模型

技术接受和计划行为联合模型（C-TAM-TPB）① 是 1995 年由 Taylor 和 Todd 提出的。研究者认为 TAM 在对于信息技术的使用意愿和使用行为上解释了大约 40% 的方差；在关于对信息技术使用意愿和使用行为的预测上，TAM 要比 TRA 和 TPB 更具有优势（Venkatesh 和 Davis，2000）。虽然 TRA 和 TPB 在对信息技术的使用意愿的解释力上不如 TAM 好（Taylor 和 Todd，1995b），但是 TAM 没有包含社会和控制因素对行为的影响（Venkatesh 等，2003），但是这些因素已经被证明对信息技术使用行为有显著的影响（Mathieson，1991；Taylor 和 Todd，1995a；Moore 和 Benbasat，1991）。

Taylor 和 Todd 根据 TAM、TRA 和 TPB 的优势和不足，对技术接受模型和计划行为理论模型进行整合和细化，提出并验证了技术接受和计划行为联合模型（C-TAM-TPB）。C-TAM-TPB 模型可以用数学公式表达为

$$B = w_1BI + w_2PBC,$$

$$BI = w_3A + w_4SN + w_5PBC, \quad \text{公式 2-11}$$

$$A = w_6U + w_7E$$

C-TAM-TPB 模型结果如图 2-5 所示。

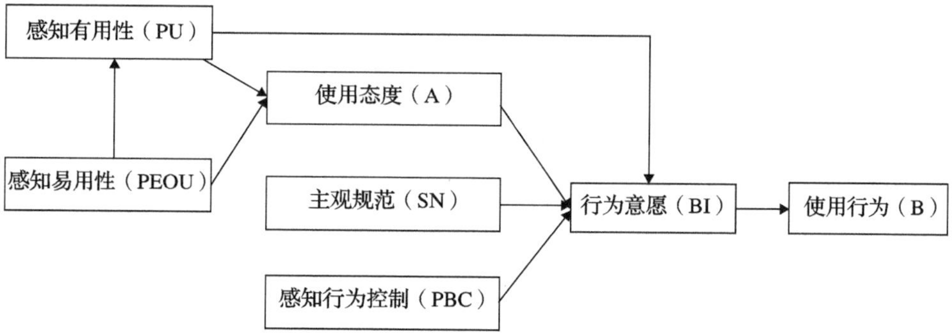

图 2-5　技术接受和计划行为联合模型

---

① Taylor S, Todd P A. UnderstandingInformation Technology Usage: A Test of Competing Models［J］. InformationSystems Research, 1995b, 6(4):144-176.

2.1.2.2 技术接受扩展模型

技术接受扩展模型（TAM2）[①] 是 Venkatesh 和 Davis 在 2000 年提出的，其目的是在原技术接受模型中引入新的关键变量对 TAM 进行扩展，并研究这些决定因素在使用者经验不同时所起的作用如何变化（Venkatesh 和 Davis，2000）。

TAM2 以 TAM 为研究基础，添加了新的理论构念，并分解了社会影响过程（主观规范、自愿性和形象）和认知帮助过程（工作相关性、输出质量、结果展示和感知易用性），如图 2-6 所示。TAM2 为研究感知有用性提供了细致的关键要素分析，解释了超过 60% 使用意愿方差，更重要的是 TAM2 显示了主观规范在对使用意愿上有显著的影响（Venkatesh 和 Davis，2000）。

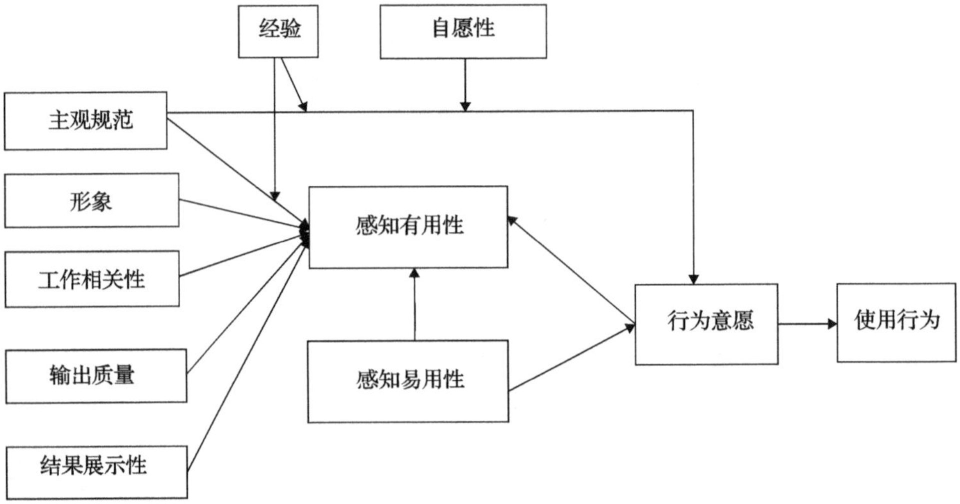

图 2-6　技术接受扩展模型

模型中新增变量定义为：

主观规范（Subjective Norm）：个人对于是否采取某项特定行为所感受

---

① Venkatesh V, Davis F D. A Theoretical Extension of the Technology Acceptance Model: Four Longitudinal Field Studies［J］. Management Science, 2000, 46(2):186-204.

到的社会压力，来自对他重要的人认为他应该或不应该执行某项行为。

自愿性（Voluntariness of Use）：自愿使用一项创新的程度。

形象（Image）：使用一项创新被认为提升其在一个社会系统中形象和社会地位的程度。

工作相关性（job-fit）：个人认为使用一项技术可以提高其工作绩效的程度。

输出质量（Outcome Exceptions）：使用目标系统进行工作的效果如何。

结果展示（Results Demonstrability）：使用创新所产生结果的真实性，包括可视性和可沟通性。

感知易用性（Perceived Ease of Use）：个人认为使用一个具体系统的容易程度。

2.1.2.3　计划行为理论分解模型

计划行为理论分解模型（Decomposed Theory of Planned Behavior，DTPB）① 是 1995 年由 Taylor 和 Todd 在研究信息系统情境下提出的。DTPB 是基于整合 TAM 和 TPB 模型，并对 TPB 模型中的三个关键变量"使用态度、主观规范和感知行为控制"进行分解而提出的细分模型（Taylor 和 Todd，1995c）。

研究者从创新扩散理论（Innovation Diffusion Theory，IDT）视角出发，检验了不同的被认为是影响 IT 采纳和使用的因素，将其分别归类作为使用态度、主观规范和感知行为控制的细分影响因素（Taylor 和 Todd，1995b）。DTPB 认为使用态度是由感知有用性、感知易用性和兼容性（Compatibility）所影响的，主观规范是由同事（Peer Influence）和主管（Superior Influence）所影响的，感知行为控制是由自我效率（Self-efficacy）、资源便利性（Resources Facilitation）和技术便利性（Technology Facilitation）所影响的

① Taylor S, Todd P. Decomposition and Crossover Effects in the Theory of Planned Behavior: A Study of Consumer Adoption Intentions [J] . International Journal of Research in Marketing, 1995, 12(2):137-155.

（Taylor 和 Todd，1995b），如图 2-7 所示。

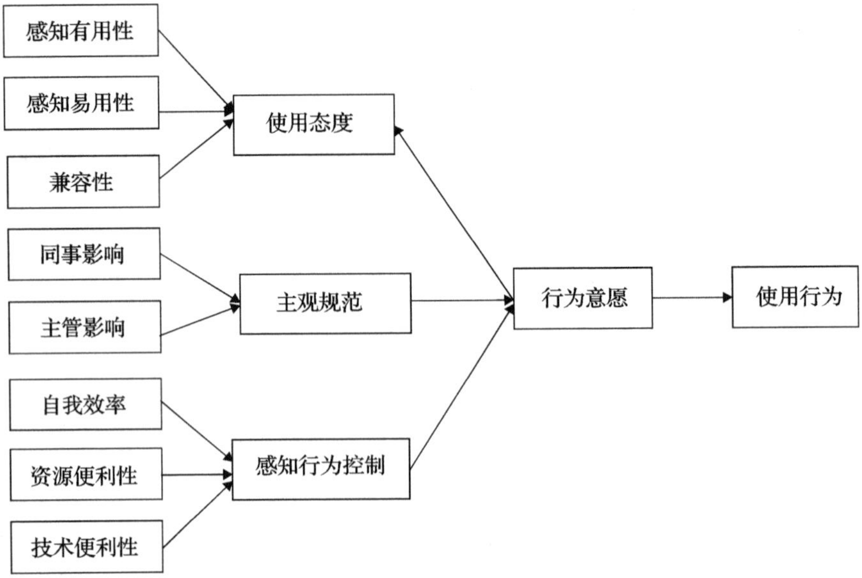

图 2-7　计划行为理论分解模型

在计划行为理论分解模型中，使用态度包括的三个变量如下。

感知有用性：指个人认为在组织内采用一个特殊系统对其工作绩效的提高程度。

感知易用性：指个人认为使用目标系统的容易程度。

兼容性：一项创新被认为与已经存在的价值、需求和潜质使用者的过去经验的一致程度。

主观规范包括的两个变量为：

同事影响：朋友、同级的同事对使用目标系统或执行某项行为的看法。

主管影响：领导对使用目标系统或执行某项行为的看法。

感知行为控制包括的三个变量为：

自我效率：对于个人使用一项技术去完成一项特定工作的能力的判断。

资源便利性：使用目标系统或执行某项行动时，所需资源的可获程度。

技术便利性：使用目标系统或执行某项行动时，所需技术的可获程度。

DTPB 是在理性行为理论的基础上，对影响行为的三个构念——态度、主观规范和感知行为控制进行细分研究。根据 Taylor 和 Todd 的研究，DTPB 的解释能力高于 TAM 和 TPB（Taylor 和 Todd，1995b）。

2.1.3 信息技术使用研究引用理论

在研究用户对信息技术的采用行为中，研究者也引入和借鉴其他已有的理论模型，并将这些模型应用到信息技术使用行为的研究中，从不同层次研究信息技术的推广与使用。信息技术情境下，重要的几个引入模型是：计算机使用模型（MPCU）、创新扩展理论（IDT）和社会认知理论（SCT），分别从技术角度、组织角度和社会心理学角度进行了研究。

2.1.3.1 计算机使用模型

计算机使用模型（Model of PC Utilization，MPCU）① 是 Thompson 等 1991 年提出的，是将 Triandis（1980）的个人行为理论应用到电脑使用的情境研究中去预测个人电脑的使用行为。

Triandis 认为社会因素（Social Factors）、喜好（Affect）和感知结果（Perceived Consequences）影响行为意愿，进而影响行为。另外，Triandis 还认为习惯（Habits）直接和间接地影响行为，便利条件（Facilitating Conditions）直接影响行为（Triandis，1997）。MPCU 提出与 TRA 和 TPB 不同的视角去研究个人电脑的使用行为，即 MPCU 直接预测研究使用行为而不是行为意愿。MPCU 认为工作适合性（Job-fit）、复杂性（Complexity）、长期结果（Long-term Consequences）、使用喜好（Affect Toward Use）、社会因素（Social Factors）、便利条件（Facilitating Conditions）共同直接影响电脑的使

① Thompson R L, Howell H J M. Personal Computing: Toward a Conceptual Model of Utilization [J] . MIS Quarterly, 1991, 15(1):125-143.

用行为（Thompson 等，1994）。

MPCU 的主要核心变量定义为：

工作适合性：个人认为使用一项技术可以提高其工作绩效的程度。

复杂性：一项创新被认为难以理解和使用的程度。

长期结果：未来会取得收益的产出。

使用喜好：随个人使用行为产生的高兴、喜悦、沮丧或是令人厌恶的感觉。

社会因素：个人所在的团体和环境所具有的特征，尤其是对个人行为和感知能够产生影响的因素。

便利条件：环境中能够帮助活动完成的客观因素。

2.1.3.2　创新扩展理论

创新扩展理论（Innovation Diffusion Theory，IDT）[①] 起源于社会学，自 1960 年以来 IDT（Rogers，1995）被广泛应用到关于创新的各类研究中，其使用范围从农业工具创新到组织创新（Tornatzky 和 Klein，1982）。1962 年，罗杰斯通过收集大量的创新案例进行分析比较，出版了《创新的扩散》一书，提出了创新扩散理论，并总结了技术创新在传播扩散过程中的规律。在 IDT 中，创新是指个人认为是新鲜的事物或者观点；扩散是指创新传播的过程。电脑、信息技术、互联网、电子服务都会被其使用者称为一种创新。因此，在关于信息技术的用户接受问题研究中，一些研究者采用创新扩散理论作为研究视角和理论基础。

创新扩散理论是从过程的角度去研究组织或者个人接受创新的过程的。在 Rogers 的个人创新采纳模型中，创新接受的过程分为 5 个阶段：知识、说服、决策、使用和确认。Rogers 认为对个人创新采纳过程产生影响的因素包括创新技术特征、使用者特征和传播渠道等。Rogers 在总结前人研究的基础上提出了一项创新在扩散传播过程中所需要的 5 个特性。

① RogersE. Diffusion of Innovations［M］. New York :Free Press, 1995.

（1）相对优势。是一项创新在取代以往技术时所表现出来的优势程度。一般相对优势用可获得性、成本降低、不适感降低和赋予的社会地位上升来表示。相对优势是创新接受者对新产品或技术的认识程度，而不是产品的实际情况。研究表明，个人观测到的创新的相对优势与创新采用的速度正向相关。

（2）兼容性。是指一个创新与潜在用户的价值观、过往经验和需求的一致程度。兼容性也是一项创新技术与现有技术的匹配程度。创新技术如果想在系统内部有快速的传播速度，就要与使用者的价值观和文化心态相吻合。当创新技术与使用者的需求、价值观以及以往经验相适应或者比较接近时，创新就容易被快速接受。

（3）可视程度。又称可沟通性，是创新技术与潜在用户的沟通的能力，即创新技术是否容易被用户所认识和理解。研究发现，创新技术的可视程度与用户的采纳速度呈正相关关系。

（4）复杂性。是指创新技术被用户接受和使用的难易程度。复杂的技术需要用户花费较长的时间去学习，这项创新扩散的速度就要受到影响。研究发现，复杂性与创新的采用速度呈负相关的关系。

（5）可试用性。是指用户可以小批量的购买产品进行试用的程度。用户通过小批量的试用与购买，可以减少个体在接受一项创新技术时的不确定性。研究证明，可试用性与创新的接受率成正相关的关系。

在关于信息系统的研究中，Moore 和 Benbasat（1991）以 Rogers 提出的创新特征为基础，提炼出用于研究个人技术接受行为的一系列构念（Moore 和 Benbasat，1991）。其相关定义如下。

比较优势：一项创新被认为优于前身的程度。

易用性：一项创新被认为难以使用的程度。

形象：使用一项创新被认为提升其在一个社会系统中形象和社会地位的程度。

可视程度：个人可以看到组织中其他人使用新系统的程度。

兼容性：一项创新被认为与已经存在的价值、需求和潜质使用者的过去经验的一致程度。

自愿性：自愿使用一项创新的程度。

结果可证性：使用创新所产生结果的真实性，包括可视性和可沟通性。

在新产品、新技术和新服务推向市场时，最先接受这些新产品的用户被认为是创新使用者。在新产品推广的初期，使用的人数比较少，约占使用人数的 2.5%。早期使用者是指随后采用创新构思的人，约占 13.5%。随着产品的推广和时间的推移，新产品的使用者会逐步增加，直到达到顶峰，然后逐渐减少。

产品或技术的创新特性是影响用户对创新采用的重要因素。在创新的推广过程中，早期的使用者通常具有创新偏好，勇于尝试新鲜事物，并且有能力承担一定风险。个体在接触创新产品时，感知到具有较大的比较优势、兼容性强、可视程度高，并且具有易用特性和风险性低的创新更容易被接受采纳。

2.1.3.3 社会认知理论

社会认知理论（Social Cognitive Theory，SCT）[①] 是 Bandura 在 1986 年所提出最具权威的个人行为理论之一。社会认知理论是根据多个相互因果关系来解释社会心理机能的。在这个因果模型中，行为、认知和其他个人因素、环境因素这三个因子作为相互影响的决定因素在彼此之间形成影响。SCT 认为个体依据个人的认知和其他个人因素选择生活环境，同时生活环境又反过来影响个人认知和其他个人因素；进而特定情境下的行为是受环境所影响的，而反过来个人的行为又影响环境；最后，行为受个人认知和个人其他因素所影响，而行为也会影响个人认知和个人其他因素（Bandura，

① Bandura A. Social Foundations of Thought and Action: A Social Cognitive Theory［M］. Englewood Cliffs, NJ : Prentice Hall, Englewood, 1986.

1986）。SCT 理论模型如图 2-8 所示。

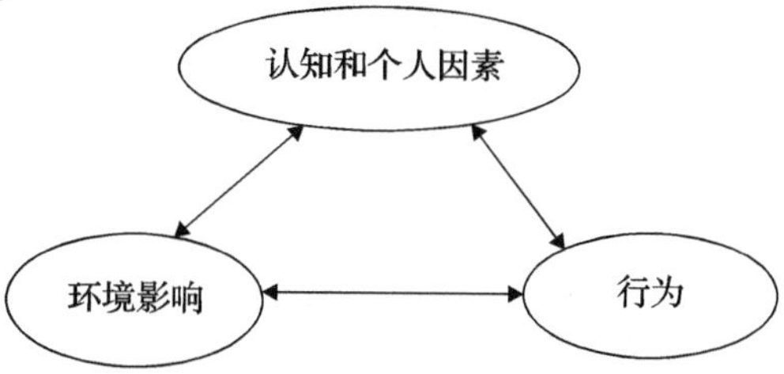

图 2-8　社会认知理论模型

在关于信息技术使用的研究上,Compeau 和 Higgins（1995）[①]在研究计算机使用的情境中应用和扩展了社会认知理论，该模型研究了用户的电脑使用行为，并在信息技术的接受和使用研究中对模型进行了扩展。根据社会认知理论，该模型定义了认知因素（自我效能 Self-efficacy, 绩效期望输出 Outcome Expectations-Performance，个人期望输出 Outcome Expectations-Personal），情感因素（喜欢 Affect 与担心 Anxiety）和使用之间的联系（Compeau 和 Higgins，1995a；Compeau 和 Higgins，1995b；Compeau 和 Higgins，1999）。其中自我效能是社会心理学源于社会认知理论的重要概念。自我效能包括个人所拥有的能力，也包括个人对自身拥有的能力能否完成活动的主观判断。

2.1.4　模型的比较

2.1.4.1　模型解释度的比较

在以往的研究中，研究者对比分析了现有的接受模型，以两两比较居多，以 TAM、TPB、TRA、DTPB 的比较分析居多。其中较为经典的模型比较研究有 Davis 对 TRA 和 TAM 的比较研究（Davis，1989），Mathieson 对 TAM 和 TPB 的比较研究（Mathieson，1991），Taylor 和 Todd 对 TAM、TPB 和 DTPB 的比较研究（Taylor 和 Todd，1995b），以及 Plouffe 等（2001）对 TAM 和 IDT 所做的研究（Plouffe、Hulland 和 Vandenbosch，2001）。其中具体研究如表 2-1 所示。

---

① Compeau D R. Higgins C A. Application of Social CognitiveTheoryto Trainingfor Computer Skills［J］. Information Systems Research, 1995a, 6(2): 118-143.

表 2-1 模型解释度比较

研究者	比较的模型	比较研究内容	样本	调查者对技术的熟悉度	研究阶段	数据类型	研究结果
Davis 等（1989）	TRA，TAM	组内比较使用者对文字处理器的使用意愿	107 名学生	被调查者全部是新接触这项技术的	两个阶段，中间相隔 14 周	两阶段横截面数据分析	两个阶段中被 TRA 解释的使用意愿方差分别为 32% 和 26%；被 TAM 解释的方差分别为 47% 和 51%
Mathieson（1991）	TAM，TPB	组间比较被调查者对电子表格和计算系统的使用意愿	262 名学生	一些被调查者熟悉这项技术，并且被调查者必须选择一项技术去完成工作	一个阶段	横截面数据	被 TAM 解释的使用意愿的方差为 70%，被 TPB 解释的方差为 62%
Taylor 和 Todd（1995）	TAM，TPB/DTPB	组内比较使用者对计算资源中心的使用意愿	786 名学生	很多学生已经熟悉了计算资源中心这项技术	历经 3 个月，所有参加的学生都被调查	横截面数据	被 TAM 解释的使用意愿的方差为 52%，被 TPB 解释的方差为 57%，被 DTPB 解释的为 60%
Plouffe 等（2001）	TAM，IDT	组内比较使用者对使用智能卡支持的电子支付系统的使用意愿	176 名商人	调查是在技术推广 10 个月之后进行的	一个阶段	横截面数据	被 TAM 解释的使用意愿的方差为 33%，被 TPB 解释的方差为 45%

2.1.4.2 模型变量的比较

在 Venkatesh 等 2003 年的研究中，对 8 类接受模型的研究变量进行归类分析。在以往的接受模型中，虽然使用的变量名称不同，但表达的意义却相同（Venkatesh 等，2003）。Venkatesh 通过比较分析，对各个模型中的变量进行整理，总结出影响行为意愿的重要变量：绩效期望、努力期望、社会影响和便利条件，如表 2-2 所示。

表 2-2 模型变量比较

绩效期望（Performance Expectancy）		
变量	研究者	定义
感知有用性	Davis 等 1989	个人认为使用一项特殊的系统将提供其工作产出的程度
外在动机	Davis 等 1989	使用者认为执行一项活动将给其带来的直接产出好处，比如提升工作效率，得到金钱报酬或者得到提升机会
工作适合性	Thompson 等 1991	系统提升个人工作绩效的可能性
相对优势	Moore 和 Benbasat 1991	使用一项创新比使用原来技术的优越程度
输出期望	Compeau 和 Higgins 1995；Compeau 1999	输出期望是与所执行的行为相关的结果。在研究中，可分为绩效期望（与工作相关）和个人期望（个人目标）
努力期望（Effort Expectancy）		
变量	研究者	定义
感知易用性	Davis 等 1989	个人认为使用一个系统将减轻其工作付出的程度
复杂性	Thompson 等 1991	一个系统被认为难以被理解和使用的程度
易用性	Moore 和 Benbasat 1991	一项创新被认为难以使用的程度
社会影响（Social Influence）		
变量	研究者	定义
主观规范	Ajzen 1991；Davis 1989；Fishbein 和 Ajzen 1975；Mathieson 1991；Taylor 和 Todd 1995.	个人对于是否采取某项特定行为所感受到的社会压力，来自对他重要的人认为他应该或不应该执行某项行为
社会因素	Thompson 等 1991	在特殊的社会情形下，影响个人在相应的组织中与他人共同形成了主观文化和共识的因素
形象	Moore 和 Benbasat 1991	使用一项创新被认为提升其在一个社会系统中形象和社会地位的程度
便利条件（Facilitating Conditions）		
感知行为控制	Ajzen 1991；Taylor 和 Todd 1995.	个人感知到完成某一行为的容易或困难程度，它反映了个人对某一行为过去的经验和预期的阻碍
便利条件	Thompson 等 1991	环境中能够帮助活动完成的客观因素
兼容性	Moore 和 Benbasat 1991	一项创新被认为与已经存在的价值、需求和潜质使用者的过去经验的一致程度

2.1.4.3 TAM、TPB、TRA 和 UTAUT 的比较

TAM 和 TPB 都是以 TRA 为基础发展来的，UTAUT 是对以往接受模型的整合。技术接受模型和技术接受和使用整合模型主要是针对用户对电脑和信息技术的采纳行为所设计的。计划行为理论和理性行为理论的研究范围相对广泛，是针对社会中个人的普遍行为的。从适用研究对象上对比，TAM 和 UTAUT 更适用于信息技术的接受研究，TPB 和 TRA 适用范围广，也被研究者应用于信息技术的接受行为研究。

TPB 与 TRA 相比，是在前者的基础上引入感知行为控制变量。理性行为理论假设个人的行为完全受主观意志的控制，其对行为意愿的预测只是依赖态度和主观规范两个变量。在计划行为理论中，其在理性行为理论上引入感知行为控制，认为个人的行为意愿是由态度、主观规范和感知行为控制三个变量所影响的。计划行为理论将研究扩展到不完全受个人主观意志控制的情境，这也使得 TPB 成为各项行为研究理论的基础。计划行为理论与理性行为理论相比，在解释个人行为方面具有更强的解释力（Ajzen，1991；Ajzen，1985）。

TAM 与 TPB 和 TRA 相比具有较强的模型简洁性，并且开发了专门的量表，在针对信息技术的接受行为研究中具有较强的解释性，被广泛应用到有关信息技术接受行为的研究中。在技术接受模型中，保留 TRA 和 TPB 中的态度变量，作为对行为意愿的预测因素，同时引入感知有用性作为行为意愿的另一个预测因素。TAM 是针对信息技术接受行为的预测研究模型，其根据信息技术的特点对态度的影响因素进行细分研究，引入感知有用性和感知易用性作为预测态度的感知变量。TAM 与 TPB 和 TRA 相比，没有考虑社会因素和感知行为控制。Davis 认为 TAM 在模型程度上反映了社会影响因素和控制因素，但是感知有用性和感知易用性只是反映了社会因素和控制因素的某一部分。TPB 综合考虑了社会因素和控制因素，因此，接受行为研究中表现出比 TAM 更强的解释力（Ajzen，1991；Taylor 和 Todd，

1995b）。

UTAUT 是以 TAM、TRA、TPB 以及其他接受模型为基础，综合分析所提出。UTAUT 具有两个比较优势：一是引入的预测变量全面；二是分析了个人特征的调节作用。技术接受和使用整合模型将 TAM、TRA 和 TPB 中影响行为意愿的四个主要变量——感知有用性、感知易用性、主观规范和感知行为控制都包含进去，以变量——绩效期望、努力期望、社会影响和便利条件提出，作为影响行为意愿的主要预测因素。在技术接受和使用整合模型中，引入性别、年龄、经验和自愿使用 4 种个人特征变量作为条件变量，研究分析了其对使用意愿和使用行为的调节作用（Venkatesh 等，2003）。

理性行为理论是以态度和主观规范作为核心变量去研究其对行为意愿的直接影响，而将其他因素作为外部变量，认为外部变量都是通过态度和主观规范对行为意愿产生间接影响的。TRA 并没有对影响态度和主观规范的外部变量做细分的研究。TPB 和 TAM 延续了 TRA 的研究思路，都没有对外部变量做细致研究，也都是认为外部变量是通过模型中的核心变量间接影响行为意愿的。技术接受和使用整合模型没有研究外部变量。这 4 个经典的接受理论都是关注于个人感知变量对行为意愿的直接影响，没有对外部变量做研究。这也使得在用户接受行为的研究中，主要局限于个人主观变量的影响，忽略了外部客观变量的影响。本书为了探讨和弥补以往经典用户接受对外部影响变量的研究不足，将重点探讨前因影响变量对个人感知变量的影响。

这 4 类经典模型虽然各有不同，但是模型之间也存在相互关联的东西，4 个模型间存在演化关系，如表 2-3 所示。

表 2-3 TRA、TPB、TAM、UTAUT 模型比较

	TRA	TPB	TAM	UTAUT
适用情形	可以有使用者的意志所决定是否需要使用的行为	无法完全受使用者意志所控制的使用行为	使用信息技术的行为	使用信息技术的行为

续表

	TRA	TPB	TAM	UTAUT
模型中核心变量	1. 行为意愿 2. 态度 3. 主观规范	1. 行为意愿 2. 态度 3. 主观规范 4. 感知行为控制	1. 行为意愿 2. 态度 3. 感知有用性 4. 感知易用性	1. 行为意愿 2. 态度 3. 绩效期望 4. 努力期望 5. 社会影响 6. 便利条件
影响用户行为意愿的因素	1. 态度 2. 主观规范	1. 态度 2. 主观规范 3. 感知行为控制	1. 态度 2. 感知有用性	1. 态度 2. 便利条件
调节效应	无	无	无	年龄、性别、经验、自愿使用
解释力	根据 Davis 等（1989）、Mathieson（1991）等人的研究，在解释信息技术使用上，TAM 的解释力要强于 TRA；根据 Ajzen 和 Madden（1985）的研究 TPB 的解释力要强于 TRA。根据 Venkatesh（2003）等研究，UATUT 对信息技术的使用行为解释力要达到 70%，高于 TAM、TPB、TRA			
简洁性	TAM 理论简洁性最高，为了维持高度的简洁性，TAM 放弃了社会因素和感知行为控制的解释力			

2.1.5 小结

根据对以往用户接受理论的文献综述和对比分析，发现 TAM、TPB、TRA、UTAUT 是在技术接受领域被经常使用和比较的接受模型。但是这些接受理论模型都是主要关注了个人信念和价值对行为意愿的影响，认为外部变量是通过个人信念和价值对行为意愿产生影响的，对外部变量的研究较少。因此本书将综合使用以上用户行为理论作为理论基础，研究用户对电子服务的接受使用行为。同时，本书也将影响消费者对电子服务的接受使用行为的因素划分为个人感知因素和外部影响变量，重点研究外部影响变量作为个人感知的前置影响变量是如何产生影响效应的，使得对用户接受行为的研究从主观的个人感知研究延伸至客观的外部影响研究。

2.2　电子服务文献综述

2.2.1　电子服务概念

电子服务一词源于英文 E-service（Electronic Service），通常被翻译成电子化服务或者在线服务。随着互联网和信息技术的普及和推广，电子服务的功能和意义被企业界和学术界所认识。关于电子服务的概念、分类和服务领域也被企业界和学术界所探讨。但是关于电子服务的概念至今也没有统一的定义。

关于电子服务的定义，本书通过整理以往文献主要的表述，罗列出电子服务相关定义，如表 2-4 所示。

表 2-4　电子服务定义

研究者（机构）	定义
IBM	电子服务是企业通过互联网完成交易、为用户提供服务以及与其他企业形成合作伙伴的在线商务活动
惠普公司	电子服务是指将各种服务的电子化，即组织通过将传统的服务通过互联网进行运作，使其以最有效率的方式提供给用户进而为组织提供更优化的商机和效益
Rust 等（2001）	电子服务实质上是通过网络为用户提供其所关注的信息流，包括在线咨询、邮件和申请等
Ruyter、Moorman 和 Lemmink（2001）	电子服务是一种交互的、以内容为中心的、以互联网为基础的客户服务，电子服务受顾客驱动，并整合了相关的企业客户支持过程和技术，以加强服务提供者和顾客关系为目标
Mohini Singh（2002）	B2C 环境下的电子服务是指用在线服务支持互联网购物
Rust 和 Lemon（2001），Rowley（2006）	电子服务就是信息服务，因为互联网中双方最有价值的交换就是信息
Rowley（2006）	电子服务就是通过信息技术（包括网站、信息终端和移动通信设备等）所传递的行为、努力或者表现。主要的电子服务包括电子销售的服务项目、客户支持与服务，以及在线服务传递
Sahi 和 Machiraju（2001），Dinev 和 Hart（2006）	电子服务是指通过因特网完成工作、任务和交易时所可以获得的服务电子服务是社会和公众生活的重要组成部分，包括信息情报检索、电子图书馆、在线学习、电子商务、在线理财服务和电子政务等

续表

研究者（机构）	定义
Luarn 和 Lin（2003）	电子服务是一种以内容为中心，以互联网为基础，由客户所驱动的，并且与相关的服务提供组织的客户支持系统和技术相融合的交互式客户服务。电子服务的目标是强化客户与服务提供商的关系
Boyer（2002）	电子服务是通过互联网所传递的交互式服务
Swaid 和 Wigand（2007）	电子服务质量的主要维度包括：网站设计、网站效用、网站信息质量、网站服务可靠性、响应性（迅速反应的能力）、信任（通过网站所传递的信任和信心）、网站的个性化
Bernardi（2003）	电子服务是网站服务，是对网站应用的一种新形式。通过程序编写使网站可以提供独立的、模块化、动态化的服务
Kalakota 和 Whinston（1997）	电子服务的主要步骤包括：通过互联网进行产品搜索、购物比较、产品选择、询价、下订单、在线付款、产品收据管理和售后客户支持
Reynolds（2000）	电子服务是以互联网为基础，并通过互联网所传递的服务
Surjadjaja（2003）	电子服务是以客户为中心，从售前、交易到售后的服务支持活动全部以互联网为依托，并基于某种协议传递的产品或服务
Del Aguila-Obra（2013）	通过互联网提供的服务，具有天然的互动性，电子服务的形式有购物网站、虚拟社区、社交网站、电子银行以及其他在线媒体等
孙振耀（2000）	电子服务是一种新的业务模式，采用先进的第二代互联网技术和概念，并结合运用网络上的开放式服务模块为企业、个人和网络上的事物提供个性化以及开放式服务
彭澎、魏锡华（2009）	电子服务是以现代软件和互联网技术为基础，采用集约式的服务模式，并整合有形的与无形的服务形式，为用户提供更高效和专业的服务，满足被服务对象的核心价值需求

根据以上国内外学者关于电子服务的相关定义，电子服务定义主要可以分为两类：一类是指服务的电子化，也就是广义的电子服务。是指以信息技术为依托（包括互联网、移动通信、局域网和企业信息系统等），包括在企业内部、行政事业单位内部以及各种组织机构内部运行的各种信息系统服务（如客户关系管理系统、信息平台系统、电子采购系统和电子销售系统等），又包括依托互联网的面向公众或者特定用户群提供服务的信息系统（如电子商务、电子政务、电子医院、电子银行、数字图书馆等），还包括以移动通信为依托，面对移动终端设备的用户的服务系统（如移动电子商务、手机电子银行、无线图书馆和移动电子政务等）。另一类是强调电子服务以

互联网为依托，指狭义的电子服务定义。

本书中的研究对象是狭义的电子服务，根据对以往研究的梳理归纳，本书将狭义的电子服务定义为：电子服务是以互联网和移动互联网为基础，以提升组织和用户效率、加强组织与用户关系为目标，以用户为中心的、交互式的用户服务。

2.2.2　电子服务分类

2.2.2.1　已有文献对电子服务的分类

关于电子服务的类型，Rust 等（2001）将其划分为 4 类①：互联网数字信息服务、特定领域的电子服务、信息技术驱动的服务和泛化的电子服务。

（1）互联网数字信息服务。互联网数字信息服务是指相关组织（企业、政府机构等）通过互联网为用户和公众提供数字化的信息资源，使用户可以更加便捷、高效和全面地获得所需的信息。其中最为典型的是旅游门户网站。用户可以通过旅游门户网站进行旅游信息的查询，进行酒店预订、机票预订和旅游预订等。

（2）特定领域的电子服务。特定领域的电子服务是指在特定领域、特定机构或者特定行业进行的服务电子化和服务网络化，是组织实现组织管理与客户服务的一种手段。其中主要的形式有电子政务、电子医院、电子图书馆、网上银行、网上金融理财等。

（3）信息技术驱动的服务。信息技术驱动的服务是指通过电子媒介所获取或者传递的服务。此类电子服务强调的是通过信息技术这个媒介，是传统服务在信息技术条件下的应用。信息技术驱动的服务主要有两类：一类是通过信息技术媒介在互联网提供客户服务支持；另一类是传统服务交易对信息技术互联网的应用，如网上银行，在线图书馆等。

① Rust R T, Lemon K N. E-service and the consumer［J］. International Journal of Electronic Commerce, 2001,5 (3): 83-99.

（4）泛化的电子服务。泛化的电子服务是广义的电子服务，是指传统环境下的服务在信息技术和互联网情境下的电子化。泛化的电子服务除了以上组织所提供的以互联网为基础的服务外，还包括组织内部以及组织间所应用的服务系统信息化。

2.2.2.2 本书对电子服务的分类

在本书中，我们所进行的是互联网环境下的狭义电子服务研究。根据对以上电子服务定义相关文献的总结，以及其他学者对电子服务类型的划分与理解，本书以服务功能为基础将电子服务划分为3类：在线客户支持服务、在线信息服务、在线功能交易服务。

（1）在线用户支持服务。在线用户支持服务是指将组织通过互联网向用户提供传统渠道和媒介中所提供的用户支持服务，是将企业的服务网络化。其中典型的形式是企业或事业单位、政府机构通过邮件向用户发送技术支持和使用回执、在线服务论坛、在线服务答疑反馈系统、在线用户评价体系。在线用户支持服务是组织提供一种服务新渠道，可以使得用户更便捷、高效的获取服务信息，以维系和加强组织与用户之间的关系。

（2）在线信息服务。在线信息服务是指相关组织通过其网站向用户提供数字化信息资源，使得用户可以通过互联网更高效、准确、全面地获得所需的信息。其中典型的在线信息服务是旅游信息网、电子图书馆和电子医院等。例如，用户可以通过携程、E龙等旅游信息网查询旅游信息、酒店信息和机票信息等，并通过网站进行机票预订、酒店预订和旅游预订等。电子图书馆是将传统的纸制图书、文献等通过互联网提供给用户，用户可以通过使用终端便捷地查阅所需文献和图书资料。

（3）在线功能交易服务。在线功能交易服务是指相关组织通过网站向用户提供交易平台和交易功能，使用户可以通过互联网更加高效、便捷地完成所需的通过传统实体平台所进行的交易。其中典型的在线交易型电子服务是网上银行、在线金融理财和在线购物等。

企业或者组织在互联网上提供电子服务时并非单一提供某一类型的服务，通常是多种电子服务的综合，但通常以一类服务为核心。例如，银行所设立的电子银行网站中既包括在线交易功能，又提供信息查询功能，同时还包括对使用网上银行的技术支持功能。

2.2.3 电子服务质量属性理论综述

2.2.3.1 服务质量评估理论综述

尽管互联网为用户提供了一种新的服务方式，使用户可能获得低价、高效的服务。但是组织通过互联网提供的服务无法与用户对其预期相匹配，就会影响用户采用这种电子服务的态度和意愿。大量的企业和学术研究证明企业通过互联网提供的服务质量普遍不好（Ahmad，2002；Lennon 和 Harris，2002；LoCascio，2000；Pastore，2001；Kim 和 Kim,2018）。服务质量是决定电子商务和电子政务关键的决定因素之一。

关于服务质量的研究已经有 30 年的历史了，并且形成了较为完善的理论体系和评价体系。在现有的关于服务质量的研究中，学术界主要将服务质量评估研究分为两类理论流派：北欧的实绩—期望差学派和美国的服务绩效学派。

（1）实绩—期望模型。服务的绩效—期望观点最早是被北欧学者格鲁努斯在 1982 年提出的，在学术研究领域被称为服务质量北欧学派。1982 年格鲁努斯提出“总体服务质量（Total Service Quality)”[①] 的概念，指出服务质量是用户对期望服务和实践感知到的服务之差的看法（Grönroos，1982）。早期关于服务质量的概念主要以奥利弗（Oliver，1980）的绩效—期望模型为基础。服务质量因此被理解为企业所提供服务的实际绩效与用户期望的符合程度。格鲁努斯（1984）将服务质量定义为“服务质量是用户将他

① Grönroos C.Strategic Management and Marketing in the Service Sector [J] .Marketing Science Institute,1982.

们对服务的期望与他们实际所感受到的服务进行比较，从而得到的评价结果”。服务质量理论美国学派的代表学者潘拉索拉曼等（1988）认为服务质量是通过比较企业服务的实际绩效与用户对该行业和企业所提供服务的期望所得出的对企业服务的总体评价。以此定义为基础，潘拉索拉曼等人开发了多维度服务质量评价工具——SERVQUAL①。

（2）服务实绩模型。服务质量理论的另一个理论流派是以服务实绩模型为基础，由美国学者潘拉索拉曼（1988）为代表提出的，因此在学术研究领域被称为服务质量美国学派。潘拉索拉曼等通过使用用户在接触服务时所感受到的服务接触特征去描述服务质量，通常使用 5 ～ 10 个维度去描述服务接触特征（例如可靠性、反应性、移情性、安全性和有形性等）。近期，越来越多的学者对实绩—期望模型提出了批评。他们认为在对服务质量进行评估时只使用服务的实际绩效进行测量更具有优势，因为服务的实际绩效更具有可靠性和可辩性（Page 和 Spreng，2002）。许多学者认为，与实绩—期望模型相比较，服务实绩模型在进行服务质量评估时更加可靠，更具有解释力（Cronin 和 Taylor，1992；Babakus 和 Boller，1992；Brown、Churchill、Peter，1993；Parasuraman、Zeithaml 和 Berry，1994；Dabholkar、Shepherd 和 Thorpe，2000；Tse 和 Wilton，1988；Teas，1993；Teas，1994；Peter、Ghurchill 和 Brown，1993）。克朗宁和泰勒在 1992 年以 SERVQUAL 的 5 个测量维度为基础，设计了 SERVPERF② 服务实绩测量量表用于测量服务质量（Cronin 和 Taylor，1992）。根据 Dabholkar 的研究，感知的测量更具有解释效力和预测力。另外，Dabholkar 还认为感知的评价可以更好地理解服务质量在因素层面上的评估（Dabholkar、Shepherd 和 Thorpe，2000）。Page 和 Spreng 进一步的研究显示，与期望相比，服务的

① Parasuraman A, Zeithaml V A, Malhortra A. E-S-QUAL: A Multiple-item scale for assessing electronic service quality［J］. Journal of Service Research, 2005,7(3): 213-233.

② Cronin J J, Taylor S A. Measuring service quality: a reexamination and extension［J］. Journal of Marketing, 1992, 56(3): 55-68.

实际绩效在测量服务质量上更有解释力（Page 和 Spreng，2002）。

主流的研究观点认为，在对服务质量的评估研究中没有必要采用实绩—期望模型，只是用感知绩效测量更有效。对于实证研究者来说，只采用感知绩效测量的方法意味着对服务质量的细致分析会更简单，更有效（Dabholkar 等，2000）。

根据以上文献的综合观点，服务质量可以被定义为对服务实际绩效的全面评估。在本书中，关于服务质量的研究也引用服务实绩模型的观点，以使研究更加简单、更加有效，是对感知服务质量的应用研究。

2.2.3.2 感知服务质量属性研究综述

感知服务质量是对一项服务优越性的全面判断和态度（Parasuraman、Zeithaml 和 Berry，1988）。在过去近 30 年的研究中，研究者尝试开发一种关于服务的全面标准属性去评估用户服务质量的感知。萨瑟、奥森和怀科夫提出服务领域的 7 个主要维度——安全、持续、态度、完成、条件、可获性和培训（Security，Consistency，Attitude，Completeness，Conditions，Availability，Training）（Sasser、Olsen 和 Wyckoff，1978）。不久潘拉索拉曼等（1985）提出服务质量属性包含的 10 个维度：①有形性（Tangibility），是指具有有形的服务环境和服务过程；②可靠性（Reliability），是指为用户提供可靠而又正确的服务；③响应性（Responsiveness），是指能够快捷、灵活地为用户提供服务；④安全性（Security），是指在提供服务时能保证用户的人身和财产的安全；⑤能力（Competence），是指企业和服务人员具有满足用户服务需求的技能和知识；⑥礼貌（Courtesy），是指在为用户提供服务时，服务人员要热情、周到，礼貌待客；⑦移情性（Empathy），是指服务人员要能够理解用户的需求，站在用户的角度为其着想；⑧沟通（Communication），指能够以用户理解的语言与用户进行交流，为用户提供信息；⑨可信（Credibility），用户因服务提供者能够产生对服务提供者组织和服务人员的信任；⑩方便（Access），是指用户可以较为容易地获取服务。在此服务质量属性的10个维度的基础上，1988年潘拉索拉曼等人进一步细化、深入地研究了服务质量维度，将10个维度缩减为5项：有形性、可靠性、响应性、安全性和移情性，并开发了一个由22个题项所构成的用于测量服务质量的量表——SERVQUAL（Parasuraman、Zeithaml和Berry，1988）。

自从SERVQUAL量表被开发后，已经被广泛地使用到不同领域的服务质量评估研究中，并遭到一些批评（Cronin和Taylor，1994；Dabholkar，Thorpe，和Rentz，1996），学者们关于SERVQUAL中存在不足的批判主要表现在：①其很难测量不同类别的感知（Cronin和Taylor，1994）；②其服务质量维度是具有内容导向和服务类型独立性的（Bienstock，1997；Van Dyke、Kappelman和Prybutok，1997）。在SERVQUAL基础上，Cronin和Taylor在1994年开发了SERVPERF量表，并验证其在预测服务质量上更具有优势。

在关于服务质量的评估方法和测量上的学术研究中，尽管研究者有一些争议，但也形成几点共识：①顾客感知服务质量是由用户对组织的服务期望与组织实际提供的服务进行比较所决定的；②研究者通过SERVQUAL的5个服务质量属性维度可以较为全面地评估顾客感知服务质量；③服务感知质量能够较大影响用户对消费/服务的感知价值和用户的行为意愿（Parasuraman、Zeithaml和Malhortra，2005）。

2.2.3.3 电子服务质量属性研究综述

关于服务质量的研究已有近30年，但是在互联网和移动互联网情境下对电子服务质量进行度量的研究还在发展和完善中。电子服务质量及其测量维度的研究被学者用以探索其对电子商务和电子政务等互联网活动的直接和间接的影响。电子服务质量研究既以传统服务质量研究为基础，又因为传递渠道不同而异。在互联网情境下，由于用户无法与服务提供者进行面对面的沟通，以及互联网对用户信息技术能力的研究使得电子服务质量的研究更为复杂。在国内外现有的文献中，关于电子服务质量的研究主要有两个方向：一是电子服务质量的类别研究；二是电子服务质量属性维度的研究。

（1）电子服务质量类别研究。很多研究者认为电子服务质量主要包括系统质量、信息质量和服务质量（Delone 和 Mclean，1992；Ahn、Ryu 和 Han，2004；Cheung 和 Lee，2000；Rogers、Negash 和 Suk，2005；Saeed、Hwang 和 Yi，2003），在 B2C 的电子商务情境中这 3 类质量是影响用户满意度的重要因素（Lin，2007）。美国学者德隆和麦克林在 1992 年提出信息系统成功模型（D&M is Success Model），通过研究信息系统成功测量的相关文献，总结出影响信息系统成功的 6 个维度：组织影响、个人影响、系统使用、用户使用、信息质量和系统质量（Delone 和 Mclean，1992）。信息提供成功模型的提出也将信息系统的质量划分为信息质量和系统质量，这种划分是电子服务质量类别划分的前身（Grover、Jeong 和 Segars，1996）。在 D&M 信息系统成功模型提出 11 年之后，德隆和麦克林以原有模型为基础在 2003 年又对模型进行了从新改进。他们认为随着组织所提供的信息系统的普及，以及用户自身技术能力的增加，用户对系统的使用不再是被动地接受而是向主动控制转变。此时信息系统的提供者不仅具有提供信息和维护系统的职责，更有向用户提供服务使得用户能够更好、更深入地使用该信息系统。因此其认为服务质量也是影响信息系统成功的重要因素之一，也是信息系统质量的一个维度（Grover、Jeong 和 Segars，1996）。美国学者罗利认为电子服务系统是由技术系统、信息系统和自助服务系统 3 个维度所构成（Rowley，2006）。电子服务被认为是以网站为基础的服务（Reynolds，2000），是交换式的服务，也是一种信息服务和自助服务（Boyer 等，2002）。虽然所用的名称不同，这 3 个维度也同样反映了电子服务质量是由系统质量、信息质量和服务质量 3 个部分构成。

在本书中，根据本书对电子服务的界定，以及遵循以往研究者对电子服务质量类别的研究，也将电子服务质量划分为系统质量、信息质量和服务质量。

（2）电子服务质量属性研究。电子服务质量属性研究既是以传统服务质量研究为基础，又因为传递渠道不同而异。在已有的文献中，关于电子服务质量属性的研究主要有 3 种形式。

①使用传统服务质量属性模型。一些研究者认为，由美国学者潘拉索拉曼等人所提出的关于传统服务质量属性的 SERVQUAL 模型是针对服务质量属性研究的经典模型，在研究电子服务质量时也可以根据 SERVQUAL 的 5 个维度去度量和研究感知电子服务质量，认为 SERVQUAL 模型的服务质量的 5 类属性也是电子服务质量的重要属性（Iwaarden、Wiele、Ball 和 Millen，2004；Sullivan 和 Walstrom，2001；Mattila，2005；Rogers、Negash 和 Suk，2005；Saeed、Hwang 和 Yi，2003）。研究者通过实证研究证明，电子服务质量包括：可靠性、响应性、有形性、移情性和可信性 5 个维度，并以此设计了网站服务质量量表（Iwaarden、Wiele、Ball 和 Millen，2004；Sullivan 和 Walstrom，2001；Mattila，2005）。相关研究成果如表 2-5 所示。

表 2-5　传统服务质量属性应用于电子服务质量的研究汇总

作者	研究方法	维度	调研环境
Iwaarden、Wiele、Ball 和 Millen（2004）	调查法	可靠性、可信性、响应性、移情性和有形性	门户网站、零售网站和娱乐网站
Anssi Mattila（2005）	调查法	可靠性、可信性、响应性、移情性和有形性	通讯服务网站
Rodgers、Negash 和 Suk（2005）	调查法	可靠性、可信性、响应性、移情性和有形性	商业网站
Saeed、Hwang 和 Yi（2003）	调查法	可靠性、可信性、响应性、移情性和有形性	零售网站
Sullivan 和 Walstrom（2001）	调查法	可靠性、可信性、响应性、移情性和有形性	零售网站
Christopher A Voss（2003）	调查法	可靠性、可信性、响应性、移情性和有形性	零售网站
Harold W Webb 和 Linda A Webb（2004）	调查法	可靠性、可信性、响应性、移情性和有形性	零售网站

②以传统服务质量属性为基础的修改模型。研究者认为虽然电子服务质量具有服务质量的一些特性，但是由于互联网渠道与传统的服务渠道不同。在互联网情境下，网络用户不能直接面对面与服务人员进行接触，同时由于互联网本身所具有的风险性和技术要求性，使得对电子服务质量属性的度量也不同于传统电子服务质量。一些国内外学者根据电子服务的特点，对传统服务质量属性模型进行了修改，其中有一些具有代表性的研究成果。

Wolfinbarger 和 Gilly 在 2003 年以 SERVQUAL 为基础，对电子服务质量进行定性研究，并设计了一个包含 14 个题项和 4 个维度的评价零售网站质量的量表，称为 eTailQ[①]。他们通过实证研究证明，网络零售服务的质量维度有网站设计、网站履约性和可靠性、用户购物服务、用户隐私权和用户安全感，并且证明可靠性是影响用户对电子服务质量评价和用户满意度的最重要的影响因素（Wolfinbarger 和 Gilly，2003）。美国学者 Marry Long 和 McMellon 在 2004 年通过对互联网零售企业进行定性和定量研究，发现除了 SERVQUAL 模型所提出的传统服务质量 5 类属性之外，用户对电子服务质量的感知还会受与其他用户沟通的影响，以及受自己购物过程的影响。他们通过研究证明，有形性、及时响应性、可信性、可靠性和购物过程是用户评价电子服务质量的 5 个维度。美国学者 Jayawardhena（2004）认为，在测量网上银行的服务质量时，不应该只是改编 SERVQUAL 的测量题项，也需要对 SERVQUAL 模型的维度进行修改。他认为用户对网上银行质量的评估主要受 5 方面的影响：可信性、关心度、信任感、网站界面和访问途径。O'Neill、Palmer 和 Wright 认为，在研究和测量电子服务质量时，不应该完全地使用 SERVQUAL 模型的质量属性维度和其量表，他们通过对 SERVQUAL 模型量表的修改，编制了一个由 18 个题项所组成的去测量电

① Wolfinbarger M F, Gilly M C. Shopping Online forFreedom, Control and Fun [J]. California Management Review, 2001, 43 (2): 34-55.

子服务质量（O’Neill、Palmer 和 Wright，2004）。表 2-6 列出了以传统服务质量模型为基础进行修改后应用于电子服务质量的属性研究。

表 2-6 以传统服务质量模型为基础的电子服务质量属性研究汇总

作者	研究方法	维度	调研环境
Ahn、Ryu 和 Han（2004）	调查法	可靠性、可信性、敏感、移情、能力、后续服务	零售网站
Cox 和 Dale（2001）	文献研究	可接触性、沟通、可信性、理解性、页面设计、可利用性	零售网站
Marry Long 和 McMellon（2004）	调查法	有形证据、可信性、可靠性、敏感、购物过程	零售网站
O’Neill、Palmer 和 Wright（2004）	调查法	接触、敏感、可靠性、有形证据	网络图书馆
Jayawardhena（2004）	专题座谈会、调查法	访问途径、网站界面、信任感、关切和可信性	网络银行
Wolfinbarger 和 Gilly（2003）	专题座谈会、调查法	网站设计、履约性和可靠性、顾客购物服务、安全感和隐私权	零售网店

③根据电子服务的特点，从新设计的电子服务质量属性模型。国内外一些研究根据分析互联网的特殊情境，以及电子服务和电子服务使用者的特点，从新设计了一些专用于测量电子服务质量的模型和量表。Lociacono 等在 2000 年开发了一个包含 12 个质量属性维度的 WEBQUAL™ 模型以及包括 36 个测量子项的量表用于测量网站电子服务质量。WEBQUAL™ 模型中的 12 个质量属性维度是：直觉性、视觉效果、创新性、情感感染力、整体沟通、交互信息、交换性、信任、及时响应性、网站设计、商务程序以及替代性交易方式。这 12 个测量维度也可以进一步浓缩为 4 个潜变量：有用性（Usefulness）、娱乐性（Entertainment）、交互信息（Information Fit-to-task）和补充关系（Complementary Relationship）（Lociacono，2000）。因为 WEBQUAL™ 量表的开发使用专家小组和实证研究的综合方法，并且重视理论基础，研究过程规范严谨，所以得到了学术界的认可和广泛使用。Barnes 和 Vidgen 通过使用实证研究的方法，分析了英国 4 所商学院网站

的信息质量，开发出网站信息质量评估模型 WebQual①（Barnes 和 Vidgen，2000）。在后来的研究中，他们对模型进行了改进和扩展，开发出一系列应用范围广泛的 WebQual 模型体系。其中 WebQual 1.0 主要强调对信息质量的测量；WebQual 2.0 主要强调交互质量；WebQual 3.0 将网站质量分为 3 个方面，即网页质量、信息质量和服务交互质量；WebQual4.0 将所评价的电子商务网站质量划分为 3 个维度，即可用性、信息质量和服务交互质量。可用性是指网站外观具有吸引力，使用方便，是人机交互研究的关键；信息质量是指网站能够提供准确、可靠、及时的信息；服务交互性是指网络企业具有良好的信誉，能够保证交易安全、个人信息安全，能够按承诺交付服务和商品（Barnes 和 Vidgen，2000）。Yang、Peterson 和 Huang 在 2001 年设计了包含 6 个维度的电子服务测量模型，他们认为这 6 个维度为易用性、网站内容、网站信息准确性、及时响应性、网站美观和安全性（Yang、Peterson 和 Huang，2001）。在通过对大量文献的研究后，Zeithaml（2000，2002）开发了 e-SERVQUAL② 量表去测量电子服务质量以及研究用户怎样评断电子服务质量，其中包括 7 个维度：效率是进入网站，寻找期望产品，寻找信息，结账离开时所需的努力；履约性是服务承诺的准确性，是否有货，能否按时送达；可靠性是使用网站的技术和服务完成交易的可能性；隐私性是确保个人数据不被公开，并且信用卡信息是安全的；响应能力是衡量在问题发生时，电子卖家为客户提供适当的信息，有适当的退返机制，并提供在线保障；补偿是包括退返现金，并且退返运输费用和管理费用；联系是用户可以在线或电话与客服进行沟通的需要（Zeithaml、Parasuraman、Malhortra，2000；2002）。Parasuraman、Zeithaml 和 Malhortra 在 2005 年

① Barnes S J, Vidgen R T. WebQual: An Exploration of Web Site Quality [J] . Proceedings of the English European Conference on Information Systems, 2000(1): 298-305.

② Zeithaml V A, Parasuraman A, Malhotra A. Service quality delivery through web sites: A critical review of extant knowledge [J] . Journal of the Academy of Marketing Science, 2002, 30(4):362-375.

通过不断完善他们和其他学者以往的研究，以及通过分析电子服务的特点开发出一个包含22个题项的电子服务质量量表——E-S-QUAL[①]，进而从效率、履约、系统有效性和安全性4个维度去测量用户的电子服务质量感知。其中，效率（Efficiency）是指用户使用网站系统的速度和易用性；履约性（Fulfillment）是指网站履行其订单和商品承诺的程度；系统有效性（System Available）是指网站所具有的完善的技术功能；安全性（Privacy）是指网站保护用户信息和财产的程度。表2-7列出根据电子服务的特点，从新设计的电子服务质量属性主要研究。

表2-7 全新开发的电子服务属性量表研究汇总

作者	研究方法	维度	调研环境
Lociacono等（2000）	调查法	直觉性、视觉效果、创新性、情感感染力、整体沟通、适当的信息、交换性、信任、及时响应性、网站设计、商务程序、替代性交易方式	零售网站
Yang、Peterson和Huang（2001）	调查法	易用性、网站内容、网站信息准确性、及时响应性、网站美观、安全性	网上药房
Parasuraman、Zeithaml和Malhortra（2005）	调查法	效率、履约、系统有效性、安全性	零售网站
Zeithaml等（2001，2002）	调查法 文献研究法	效率、履约性、可靠性、隐私性、响应能力、补偿、联系	零售网站
Yang等（2005）	调查法	便于使用、内容适用性、信息充足性、便于探索、相互交往	信息网站

2.2.3.4 小结

本节通过对电子服务研究的文献综述，对本书的电子服务定义进行界定，对本书中的电子服务种类进行了划分，并确定了本书中所需测量的电子服务的3个方面，以及这3个方面的测量维度。

① Parasuraman A, Zeithaml V A, Malhortra A. E-S-QUAL: A Multiple-item scale for assessing electronic service quality［J］. Journal of Service Research, 2005,7(3):213-233.

2.3 用户信任感文献综述

信任是在社会和市场中普遍存在的问题，因此，信任也成为社会学、心理学、管理学和市场营销学等诸多学科的研究热点。关于信任的研究主要有 3 个方面：信任的概念、影响信任的因素和建立信任的机制。在互联网情境下，由于网络的特殊风险性和虚拟性，使得用户对互联网相关活动的信任问题研究越来越被关在。尤其是在电子商务的研究中，信任已经成为一个重要问题被研究者关注和探讨。

2.3.1 信任感的定义

由于学者们是在不同的学科领域研究信任，对信任感的研究视角不同，因而也就形成了很多关于信任感的定义。本书通过对以往文献进行整理，归纳出以往研究关于不同研究对象关于信任的定义，如表 2-8 所示。

表 2-8 信任感定义与研究汇总

研究者	信任感定义	研究对象
Anderson 和 Narus（1990）	一方对另一方的期望	商业合作伙伴
Doney 和 Cannon（1997）	买方对卖方的声誉（诚实）和善意的看法	买卖双方的关系
Doney、Cannon 和 Mullen（1998）	愿意依靠和依赖他人，信任感包括信任信念和信任行为意愿	文化
Ganesan（1994）	信任方根据对合作伙伴的声誉（诚信和能力）和善意的信念，愿意去依靠合作伙伴	买卖双方之间的关系
Gefen（2000，2002）	用户愿意依靠网络企业	电子商务
Gefen（2002）	用户根据对企业资源规划系统供应商的能力、善意和诚信的信念，愿意依靠供应商	商业关系
Hart 和 Saunders（1997）	一方对另一方善意的信心	商业关系
Hosmer（1995）	当被信任方的行为符合道德准则，信任方愿意依赖被信任的对象	文献评述
Jarvenpaa、Knell 和 Leidner（1998）	人们根据对另外一方的行为的期望，即使察觉与监控对方的行为，也愿意遭受对方的伤害，而依赖对方。	在线团队

续表

研究者	信任感定义	研究对象
Jarvenpaa、Knell 和 Vitale（1999）	在对方有可能损害到自己利益的情境下，依然愿意依赖对方	电子商务
Kumar（1996）	对合作企业的可靠性与诚实性的信念	商业关系
Kumar（1995）	诚实和善意	商业关系
James 和 Davis（1999）	一方愿意冒受到对方伤害的风险	组织内部人际关系信任感
Mayer、Davis 和 Schoorman（1995）	人们依据自己对他人可能要采取某种对自己某个重要的行动的期望，而愿意受到对方伤害的风险，去相信他人的能力、善意和诚信，以至于不顾能否监察到对方的行动。	组织内部人际关系信任感
McAllister（1995）	愿意依赖对方的意愿	组织内部人际关系信任感
McKnight（1998，2002）	信任信念（对他人的善意、诚信、能力和可预见性的信念）会导致信任意向	电子商务
Moorman 等（1992）	一方愿意依靠信任的对象，包括对信任对象的信念和自身的行为意向	商业关系
Pavlou 和 Gefen（2002）	用户依赖网络企业的意愿	在线拍卖市场
Rempel、Holmes 和 Zanna（1995）	根据自己对对方日后行为的总体期望，愿意去依赖对方	亲密的人际关系中的信任感
Schurr 和 Ozanne（1985）	对卖方履行诺言和职责的信念	买卖双方关系

本书通过对以往与信任感有关的文献进行研究归纳发现，其中有3类关于信任的定义比较具有代表性，第一类是把信任定义为信任方对被信任方的能力、诚实和善意等的信心，强调的是信任方对被信任方的能力、诚实和善意等特征的积极信念，这些特征反应了认知的成分，也反映了感情的成分，是属于感知的信任（Morgan 和 Hunt，1994；Mcknight 等，1998；McAllister，1995）；第二类是把信任定义为信任方基于对被信任方的倾向和行为的积极预期而主动把自己的弱点暴露给被信任方，宁愿承受由此而产生的损失的积极意愿，强调的是信任方主动暴露自己的弱点，而甘愿承担遭受损失的风险的态度（Rousseau 等，1998；Mayer 等，

1995）；第三类是把信任看成是信任方依赖于被信任方的意愿（Ganesan，1994）。在本书中，根据研究对象和目的将采用关于信任的第一类定义。

根据对文献的梳理总结以及本书的电子服务的特点，本书中将电子服务中用户的信任感定义为：用户在存在风险的互联网和移动互联网环境中对电子服务提供商的能力、诚实和善意的信心。这反映了用户对电子服务提供商的信任态度，是用户对在线服务提供商的信任感知，包括能力、诚意和善意的感知。本书根据 Mayer（1995）的信任定义，能力（ability）是信任者所认为的被信任者在处理某些特定事务中具有的技能定事务的技能；善意（benevolence）是被信任者对信任者有的关怀，是被信任者持有非利己动机的善意对待信任者的程度；诚实是被信任者要坚持某些原则，因为这些原则使得信任者会对被信任者产生可以被依赖的感知。信任者如果确认被信任者在这 3 个方面是值得信任的，那么就表明了信任的存在（Mayer 等，1995）。

根据理性行为理论的研究，人的信念会影响人的意愿。信任信念是指人们相信被信任对象拥有某些对自己有利的特征，包括人们对被信任者的能力、善意、诚意和可预测性的信心。信任意愿是指人们愿意或者已经准备依赖被信任的对象。McKnight 等学者认为人们的信任信念会影响他们的信任意向，用户越是相信企业的诚信、能力、善意和可预见性，就越是愿意依靠企业（Mcknight、Cummings 和 Chervany，1998）。

2.3.2　互联网情境下用户感知信任研究综述

在电子商务情境下的信任研究中，研究者发现电子商务中的信任与传统商务中的信任有所区别，认为消费者不仅要信任供应商，还要信任互联网环境和在线供应商的技术系统。随着网络技术和大数据的发展，以及商业环境中用户所面临的信息被窃取和泄露、网络诈骗等网络安全问题，使得在研究用户对在线电子服务提供商的信任问题时，既要考虑导致用户信任的技术方面，又要考虑社会层面。

本书通过对以往互联网情境下的信任感研究进行梳理，得出以下观点。

（1）对信任感研究侧重 4 方面内容：①用户信任感的定义以及其测量方法（Gefen，2002a；Gefen 和 Straub，2004；McKnigh 等，2002a）；②影响用户信任感的因素（de Ruyter 等，2001；Gefen、Karahanna 和 Straub，2003b；Gefen 和 Straub，2003；Gefen，2000；McKnight 等，2002b；Sub 和 Han，2002）；③用户信任感的影响作用（de Ruyter 等，2001；Gefen 和 Straub，2003；Gefen，2000；McKnight 等，2004；Pavlou 和 Gefen，2004；Pavlou，2003）；④用户信任感初步产生的过程（Jarvenpaa 等，2000；Koufaris 和 Hampton-sosa，2004；McKnight 等，2004）。

（2）在对信任感的前项和后项实证研究中，主要通过将信任感变量整合到已有经典理论中去研究影响用户信任感的因素以及用户信任感对顾客行为的影响。其中使用的理论框架是：用户技术接受理论（Gefen 和 Straub，2000；Pavlou 和 Gefen，2004；Gefen 等，2003a；Gefen 等，2003b），理性行为理论（Gefen 和 Straub，2003；Jarvenpaa 等，2000；Pavlou，2003），服务质量属性理论（Harris 和 Goode，2004；Gefen，2002b）。

（3）在对用户信任感属性的研究中，主流研究者都使用美国学者 Mayer 的观点，认为用户的信任感有 3 个维度：能力、善意和诚信。研究者通过这 3 个维度测量用户的信任感（Gefen，2002a；Cheung 和 Lee，2001；Lee 和 Turban，2001；Tan 和 Sutherland，2004）。此外，还有一些学者将可预见性也作为测量用户感知的一个方面（McKnight 和 Chervany，2001；McKnight 等，2002a）。

（4）在对用户信任感形成的研究中，研究者主要将用户的信任感分为 5 种类型：性格型、认知型、知识型、计算性、体制性，从而研究影响网络用户信任感的因素，相关研究如表 2-9 所示。

表 2-9 信任感类型研究汇总

信任感类型	影响因素	主要研究结论	主要研究者
性格型信任感	性格中的信任倾向、经验	1. 个人性格中的信任倾向在初步信任感形成的过程中很重要 2. 缺乏经验的用户对企业的信任判断主要依赖于他的信任倾向性格，由此影响他对网络企业的初步信任感 3. 经验丰富的老用户，其信任倾向对他们对网络企业的信任感影响不大	Mayer、Davis 和 Schoorman（1995）；McKnight、Cummings 和 Chervany（1998）；McKnight、Kacmar 和 Choudhurry（2004）；Gefen 和 Straub（2004）；Gefen（2000）等
认知型信任感	分类过程；控制幻觉过程	1. 人们的认知型信任感是由其分类过程和幻觉控制过程决定的 2. 分类过程是指用户更相信与自己相似的人，通过接触的二手信息判断其可信性 3. 控制幻觉过程是由于缺少一手信息，个人会通过收集相关证据确认他人的可信性 4. 用户通常是通过网站与网络企业进行交往，网站与用户之间的沟通质量会影响用户对网络企业的初步信任感	McKnight、Cummings 和 Chervany（1998）；Paese 和 Sniezek（1991）；Wakefield、Stocks 和 Wilder（2004）
知识型信任感	用户对网络企业的熟悉程度	1. 用户对合作伙伴的熟悉程度是影响其对合作伙伴信任感的一个重要因素 2. 用户通过熟悉网络企业和网站的操作程序，可以提高他们对网络企业的信任感 3. 用户越熟悉网络企业，在与网络企业交往中积累的经验越多，越容易信任网络企业。对网络企业信任形成的过程，就是用户与网络企业交往，积累知识和了解网络企业可信性的过程	Kumar（1996）；Kumar、Scheer 和 Steenkamp（1995）；Doney、Cannon 和 Mullen（1998）；Gefen，Karahanna 和 Straub，2003b；Gefen（2000）；Gefen 和 Straub（2004）；McCole 和 Palmer（2002）
计算性信任感	用户对企业进行欺骗行为获利的判断	1. 信任感的形成过程是一个计算对比过程，人们会对对方进行欺骗或者合作所得的利弊进行分析和对比的过程 2. 如果用户认为网络企业从欺骗用户的行为中获利小于失去用户信任感而遭受的损失，用户就更加可能信任网络企业 3. Gefen 等人通过实证研究证明，网络企业的用户计算信任感对他们的总体信任感有显著正向影响	Doney、Cannon 和 Mallen（1998）；Shapiro、Sheppard 和 Cheraskin（1987）；Gefen、Karahanna 和 Straub，2003b

续表

信任感类型	影响因素	主要研究结论	主要研究者
体制性信任感	环境正常性；体制保护性	1. 用户通过感知到环境的正常性去判断交易成功的可能性。在网络环境中，用户根据以往的经历和对类似网站的了解，形成他们对某个企业的期望。用户在网上交易过程中，如果网站表现符合其期望，就会产生信任感。如果网站界面、链接等信息与自己的预期有差别，以及使用自己不熟悉的操作，就会不信任网络企业 2. 体制保护性是指人们对在某个环境中得到法律、法规、保证书等体制保证的看法。网络企业在网页上提供认证书、顾客隐私保护政策、产品质量担保、本企业与著名企业联系等信息可以增强顾客的感知体制保护性，进而增强顾客的信任感	Corbitt、Thanasankit 和 Yi（2003）；Gefen、Karahanna 和 Straub，2003b；McKnight、Cummings 和 Chervany（1998）；McKnight、Choudhury 和 Chervany（1998）；McKnight、Kacmar 和 Choudhurry（2004）；Stewart（1999）

（5）用户信任感对用户态度和行为的影响。研究者认为，用户的信任感影响其感知交易价值和行为意愿。与传统商务渠道和服务渠道相比，用户交易面临更大的风险和不确定性。研究表明，用户对某个网站的信任与了解是影响其购物意愿的重要因素（Reichheld 和 Schefter，2000）。用户信任网络企业可以降低其对网上交易和网络服务的感知风险，增加其通过网络购买商品和服务的可能性，增加其对所交易网站的感知效用，并帮助企业赢得顾客忠诚感（Gefen，2002b；Jarvenpaa 等，2000；Gefen 等，2003b；Pavlou 和 Gefen，2004；Pavlou，2003）。

2.3.3 小结

根据对信任感文献的梳理总结以及本书中电子服务的特点，本书将电子服务中用户的信任感定义为：用户在有风险的互联网情境中对电子服务提供商的能力、诚实和善意的信心。这反映了用户对电子服务提供商的信任态度，是用户对在线服务提供商的信任感知，包括能力、诚意和善意的感知。并且，本书认为顾客对某个网站的信任与了解是影响其购物意愿的重要因素。在互联网情境中关于信任感的前项和后项实证研究中，主要使用技术接受理论、理性行为理论和服务质量属性理论作为理论研究框架。

因此根据文献综述分析，本书将信任感变量引入用户对电子服务接受使用行为的研究中，并将其划分为能力、诚实和善意 3 个维度进行测量，同时研究影响顾客信任感这个个人感知的前因影响变量。

2.4 感知风险文献研究综述

自从 1960 年美国学者 Bauer 提出“消费者感知风险”的概念以来，感知风险就已经被用于解释消费者行为。感知风险通常被认为是因使用一个产品或服务而产生负面影响的不确定性担心，是一系列产出不确定性的集合（Bauer，1967），是对购买和购买行为可能带来的损失的感知（Peter and Ryan，1976）。已经有大量的研究用于检验风险对消费者传统消费行为的影响（Cases、2002；Forsythe 和 Shi,2003；Mitchell，1999；Ueltschy、Krampf 和 Yannopoulos，2004）。

用户的感知风险还和其所购买的产品和服务方式相关。与以往用户所采用的传统购物方式相比，采用非传统购物方式和服务方式的用户感知风险更大。Larcoche 等发现，与传统的购物环境相比较，消费会在网络购物环境中面临更大的风险（Laroche、McDougall、Bergeron 和 Yang，2005）。在对电子商务的研究中，特别是在对电子服务的研究情境中，研究者更加考虑对感知风险的研究。当感知风险比较高时，用户会避免使用电子服务来完成交易过程（Dowling 和 Staelin，1994；Mitchell，1994）。很多用户不信任网上购物的安全（Hoffman 等，1999），对电子服务的感知风险降低了用户对电子服务有用性的评估和使用电子服务的意愿（Featherman 和

Pavlou，2003）。

欧美学者普遍认为顾客感知风险是一个多维的概念。Cunningham（1967）为感知风险定义了两种分类：绩效风险和心理风险。他又将绩效风险划分成三种，即经济风险、时间风险和努力风险；把心理风险划分为心理风险和社会风险两种。他还指出所有的风险都是源于绩效风险。对此有大量的消费者行为学文献支持使用这些风险维度去研究消费者对产品和服务的购买和评价（Cunningham，1967）。美国学者 Kaplan 等认为用户感知风险包括绩效风险、人身风险、财务风险、心理风险和社会风险 5 个维度（Kaplan、Szybillo 和 Jacoby,1974），Roselius 认为时间风险也应该被包含在用户感知风险之中（Roselius，1971）。Cunningham 进一步将感知风险划分为 6 个维度：绩效风险、财务风险、机会 / 时间风险、安全风险、社会风险、心理损失风险。Bellman 等研究发现，用户对时间风险的考虑对网上交易行为的影响很重要。他们研究发现“时间紧迫”的用户更希望通过网上交易来节省时间。最近的研究也发现用户是有时间导向的，他们很关心是否因为使用网上交易而“浪费”时间，学习如何使用网上服务，以及使用一项新的网上服务而带来的困扰都会给用户带来感知时间风险（Bellman 等，1999）。

在关于各类风险对用户行为影响程度上的相关研究中，Bobbitt 和 Dabholkar 认为，与传统的购物与服务渠道相比较，用户在使用互联网进行商品购买和使用在线电子服务时，通常会感知到较大的财务风险、绩效风险、心理风险和时间风险（Bobbitt 和 Dabholkar，2001）。网络用户会认为：网络企业可能会盗用他们的财务账户（财务风险）；他们所收到的产品和服务可能与网站宣传不同（绩效风险）；网络企业可能会滥用或者泄露他们的个人信息（心理风险）；通过网络所购买的产品或服务可能由于配送等原因，不能按时收货（时间风险）（Bobbitt 和 Dabholkar，2001；Laroche、McDougall、Bergeron 和 Yang，2004）。Featherman 通过对网上付款服务的实证研究发现，用户感知的绩效风险是决定用户接受使用在线付款服务的重要因素（Featherman 和 Pavlou，2003）。Forsythe 和 Shi 发现，与购物者相比，浏览者（不购物者）感知的财务风险、时间风险和心理风险更大（Forsythe 和 Shi，2003）。

本书采用 Bobbitt 和 Dabholkar 对电子服务的感知风险的 4 维度划分：绩效风险、财务风险、时间风险、安全风险，尝试分析感知风险在用户接受使用电子服务时所产生的影响作用。感知风险相关定义如表 2-10 所示。

表 2-10　感知风险维度与定义

感知风险维度	定义
绩效风险	产品出现故障的可能性，或者产品或服务与设计或广告的不同而带来的与期望利益不同的风险
财务风险	在购买产品或服务后产生的金钱损失和随后产生对此产品的维护成本的可能性
时间风险	用户在进行一项糟糕的购买决策时会花费很多时间，包括浪费时间用于研究和制定购买决策，学习如何使用一项新产品或服务等
安全风险	可能造成的个人信息的丢失，如果用户的个人信息在没有得到其允许或知情的情况下被使用或泄漏

2.5　本章小结

本章作为研究中的文献综述部分，通过全面、严谨地分析与本书所研究内容相关的文献与研究，为研究构建理论框架、研究假设、变量定义和实证研究奠定了理论基础与研究基础。

第 1 节通过对用户接受理论的文献研究，介绍了学术界在用户研究领域的主要理论，并对各个理论进行了对比分析和变量研究，为本书用户电子服务的使用行为提供了理论基础与分析依据。

第 2 节通过对电子服务定义和电子服务质量的相关研究，进行综述分析。并通过对比分析以往研究者关于电子服务的定义和分类，结合本书的研究目的与研究情境，对本书的电子服务进行了明确的定义界定，并通过理论分析提出电子服务的分类。本节是对电子服务质量的研究综述，根据研究梳理，为本书的电子服务分类和电子服务属性维度的界定与测量提供了理论依据和研究参考。

第 3 节是关于用户信任感相关研究的理论综述，总结归纳了有关信任感的定义、类型、测量维度以及互联网情境下关于用户信任感的研究。根据文献研究，本节提出本书中关于信任感的定义与测量维度。

第 4 节是关于用户感知风险的理论综述研究，通过分析研究以往关于感知风险以及关于互联网情境下感知风险的研究，为本书中关于用户风险的研究与测量提供了理论依据和研究参考。

第3章 理论模型与研究假设

本章共3节，第1节根据前面的文献综述和理论研究，提出本书的理论模型和研究假设；第2节根据对以往文献的梳理、总结以及分析本书的研究情境特点，对研究中所涉及的变量进行定义界定和测量指标选择；第3节介绍本书的问卷设计和样本收集。

3.1 理论模型与研究假设的内容

本书通过对文献的研究和组织实践的分析，将电子服务定义为以互联网或移动互联网为依托，以提升组织和用户效率、加强组织与用户关系为目标，以客户为中心的、交互式的客户服务，认为电子服务具有双重特性，其既具有服务特性，又因以网络和信息技术为依托，具有信息技术性。由于电子服务是一种“低接触—高技术”的服务形式，这就要求企业和组织既要关注网络环境下用户的行为特征，又要了解电子服务内在的技术特性和系统特性。由于用户与网络企业之间的远程交易方式与传统的交易方式不同，用户无法直接接触到最终产品，以及用户必须按照网络企业的要求填写个人信息和财务信息等，甚至需要将个人生物学身份特征（例如，指纹信息、面部识别信息）暴露给企业，使得用户在交易中面临更大的风险和不确定性。同时由于电子服务的依托平台是计算机、移动智能终端（智能手机）和网络，这使得用户需要拥有与互联网连接的计算机系统或智能手机，并且拥有相应的设备操作技术、网络使用常识。

以往对使用行为研究更多是关注对行为结果的预期和感知，所以一向被批评忽视信息系统本身的特性（Orlikowski 和 Iacono，2001）。基于技术接受的研究对于信息技术（IT）和信息系统（IS）本身的设计和评估关注太少，而这些因素在信息技术使用行为中又非常重要。同时，以往的技术接受理论研究都只注重个人主观感知的内部变量，对外部变量的研究很少。因此本书对用户电子服务接受使用的研究不应仅停留在对主观态度和感知的层面上，而是要研究客观的系统质量和其他外部条件对个人主观感知和用户行为的影响。

用户对电子服务的接受使用行为研究，属于信息技术接受使用行为。本书在构建理论模型时，以信息接受相关理论为基础，综合考虑互联网的风险性和不确定性以及互联网用户的特征，在原有技术接受理论研究基础上，探讨电子服务质量等外部变量对顾客行为意愿和用户主观感知的影响，提出适用于互联网情境下的用户电子服务使用模型。

3.1.1 理论模型

在互联网和移动互联网情境下，电子服务的使用群体不仅是单纯使用服务的用户，同时还是信息技术的接受者和使用者。企业和组织利用互联网向用户提供全部或者部分服务，这是传统服务向互联网和移动互联网的延伸，也是信息技术的一种延伸和推广。因此，从技术层面上分析，用户对电子服务的使用过程也是用户对电子服务这项网络信息技术和电子服务相关网站、APP、小程序、公众号等信息技术的接受和使用。

技术接受模型（TAM）由于其结构的严谨性、模型的简洁性，并且具有高度的可靠性和有效性，在研究用户对信息和信息系统使用方面进行成功的预测，并且得到国内外大量研究的理论和实在支持。TAM 被国内外许多研究采用，用以研究与信息技术相关的用户行为，被认为是关于信息技术接受行为研究的最具有影响力的模型。TAM 为了追求模型的简洁性，没有对外部变量进行研究，只是研究了感知易用性、感知有用性、态度和行为意愿的关系，并且省略了一些重要的控制变量。计划行为理论（TPB）是对理性行为理论（TRA）的扩展，包含了技术接受模型的主要变量，对行为意愿的预测效用更强。技术接受和使用整合模型（UTAUT）通过整合以往关于用户接受行为的理论，对原有变量进行归类分析，提出以绩效期望、努力期望、社会影响、便利条件、态度和行为意愿等变量为主的用户对信息技术接受使用行为的模型。本书根据对用户接受模型的文献研究，以 TAM 模型为基础，引入便利条件、感知行为控制、社会影响等变量构建电子服务的用户使用模型。

根据信息系统成功模型（D&M）和关于电子服务质量的理论研究，电子服务质量包含 3 个方面：服务质量、系统质量和信息质量。电子服务的各方面质量会影响用户的行为，以及会对电子服务的主观感知产生影响。本书在理论模型构建中，将服务质量、系统质量和信息质量 3 个变量作为电子服务质量的 3 个方面引入模型，研究其对用户行为意愿和用户各项主观感知的影响。

为了弥补以往关于技术接受行为的研究中注重研究个人感知变量的影响，忽略外部变量和系统客观变量的研究，本书将所研究的影响变量分为个人感知变量和外部影响变量，研究其对消费者行为意愿的影响，以及外部影响变量对个人感知变量的影响。本书提出的电子服务用户使用行为的影响关系如图 3-1 所示。

图 3-1 电子服务使用模型简易概念图

本书在文献研究和定性研究的基础上，将电子服务质量、自我效能、便利条件和社会影响作为外部影响变量，将感知有用性、感知易用性、信任感、感知风险、态度作为个人感知变量。本书所提出的电子服务用户使用行为概念模型如图 3-2 所示。

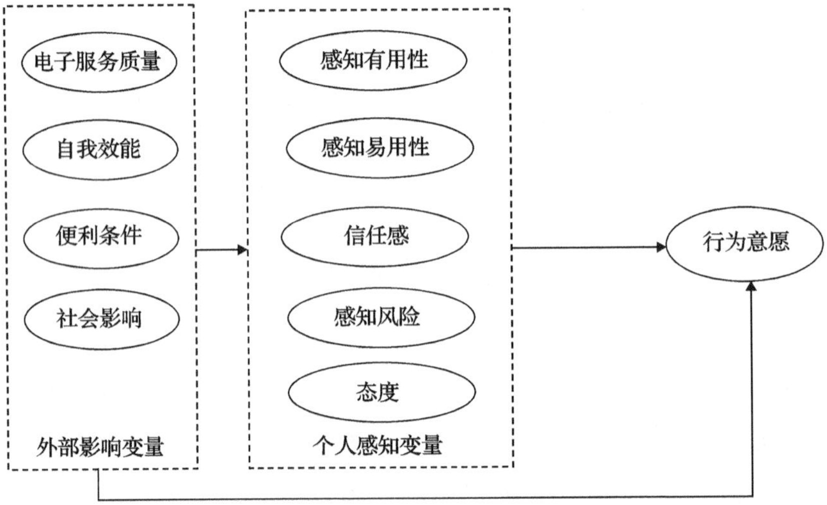

图 3-2 电子服务使用行为概念模型

3.1.2 研究假设

（1）基于 TAM 的假设。根据技术接受模型（TAM）以及与其相关的实证研究文献，感知有用性、感知易用性、态度和行为意愿之间的影响关系是稳定的。根据 TAM 理论，感知有用性和感知易用性都正向影响用户对系统的态度，而用户对系统的态度正向影响用户对信息系统的行为意愿。感知易用性会影响用户对系统的感知有用性，感知有用性会正向影响用户对信息系统的使用行为意愿。

在互联网情境下，电子服务的使用群体不仅是单纯接受服务的用户，同时是信息技术的接受者和使用者。从技术层面上探讨，用户对电子服务的接受使用过程也是用户对电子服务这项互联网信息技术和电子服务相关网站这类信息技术的接受过程。根据以上的理论推导，本书提出以下假设。

H1：用户对电子服务的态度正向影响用户对电子服务的使用行为意愿。

H2：用户对电子服务的感知有用性正向影响用户对电子服务的态度。

H3：用户对电子服务的感知易用性正向影响用户对电子服务的态度。

（2）基于 UTAUT 模型的假设。Venkatesh 等人根据对以往用户行为理论的研究，提出技术接受和使用整合模型——UTAUT，用以研究用户对信息技术的接受行为。UTAUT 由 4 个核心变量构成：绩效期望、努力期望、社会影响和便利条件。其中绩效期望、努力期望和社会影响直接对行为意愿（BI）产生影响，便利条件对使用行为（B）直接产生影响。Venkatesh 等人通过对以往研究中的变量进行研究对比发现，在 UTAUT 模型中的绩效期望和努力期望与 TAM 中的感知有用性和感知易用性相当。

社会影响是指与用户相关的影响群体对用户采用电子服务的评价与认可，以及用户采用某项电子服务行为所获得的社会评价。根据 UTAUT，用户在使用一项信息技术时所面临的社会影响会影响其对这项技术的使用行为意愿。同时，用户在接触一项信息技术时，无论是主观接受还是被动接受都会受到上级、同事、亲友或者周边人群的评价和影响，这些影响会使得用户对该项信息技术的效能做出判断感知。因此，本书假定用户在互联网情境下使用电子服务时的社会影响将对用户的电子服务使用意愿产生影响。根据以上理论分析，我们提出以下假设。

H4：社会影响正向影响用户对电子服务的使用行为意愿。

H5：社会影响正向影响用户对电子服务的感知有用性。

H6：社会影响正向影响用户对电子服务的感知易用性。

H7：社会影响正向影响用户对电子服务的信任感。

H8：社会影响正向影响用户对电子服务的感知风险。

便利条件是指用户在使用电子服务时所能够获得的技术上的支持、所拥有的软硬件资源和网络可得性。互联网和移动互联网情境下，便利条件表现为用户使用计算机、智能手机、APP（或小程序）的便利性，使用网络的便利性和得到技术帮助的可能性。根据UTAUT，用户在使用电子服务时所拥有的便利条件会对用户的使用意愿有影响。根据用户信任感理论，用户对服务提供商的熟悉程度以及对服务过程的可控操作控制会影响用户对企业和组织的信任感。因此，本书假定用户所拥有的使用电子服务的便利条件会影响用户对电子服务的感知易用性和信任感，以及感知风险。根据以上分析，本书提出以下假设。

H9：便利条件正向影响用户对电子服务的使用意愿。

H10：便利条件正向影响用户对电子服务的感知有用性。

H11：便利条件正向影响用户对电子服务的感知易用性。

H12：便利条件正向影响用户对电子服务的信任感。

H13：便利条件正向影响用户对电子服务的感知风险。

（3）信任感对用户使用电子服务的影响。信任问题在社会交往和经济市场中普遍存在，关于信任的研究是诸多学科的研究热点，例如在心理学、社会学、管理学和市场营销学等领域都对信任问题进行了广泛研究。研究者在不同学科领域研究信任问题。互联网情境下用户信任属性的研究中，主流的研究者主要使用美国学者Mayer的观点，认为信任有3个维度：能力、善意和诚信。研究者从用户感知的网站企业能力、善意、诚信这3个维度方面测量用户的信任感。在互联网情境和移动互联网情境下，研究者做了大量关于信任如何影响用户采纳行为的研究。研究者认为用户的信任感影响其感知交易价值和行为意愿。与传统商务渠道和服务渠道相比，互联网和移动互联网情境下的顾客交易面临更大的风险和不确定性。研究表明，用户对某个网站的信任与了解是影响其购物的重要因素。用户信任网络企业可以降低其对网上交易和网络服务的感知风险，增加其通过网络购买商品和服务的可能性，增加其对所交易网站的感知效用，并帮助企业赢得用户忠诚感。Suh实证得出信任会正向影响用户接受网上银行的行为意愿

（Suh 和 Han,2002）。Song 等通过将信任和服务质量整合到 TAM 中研究用户对网上银行的采纳行为，实证得出信任会正向影响用户采纳网上银行的行为意愿（Song,2010）。Cheng 和 Fu 实证研究了在线评论内容对潜在用户感知信任的影响。Sharma 通过结构方程和神经网络的研究方法实证发现满意度和行为意愿是影响用户使用移动银行的重要因素，而满意度与行为意愿直接存在于以信任为中介变量的影响关系中（Sharma，2019）。根据以上理论分析，本书提出以下假设。

H14：用户信任感正向影响用户对电子服务的使用意愿。

（4）基于感知风险的假设。Featherman 和 Pavlou（2003）通过网络服务，在原有的 TAM 模型基础上加入感知风险变量，并对用户在使用网络服务时所面临的各个维度的感知风险进行了实证研究。他们发现这些风险对 TAM 中的感知有用性具有显著地负影响，并且感知易用性能够显著地降低感知风险。在关于用户感知风险和用户信任感的研究中，学术界存在一定的分歧。有些学者认为用户对组织的信任感影响用户的感知风险（Gefen，2002b；Pavlou，2003；Pavlou 和 Gefen，2004）；另一些学者认为用户的感知风险影响用户对组织的信任感（Mitchell，1999）。综合文献回顾研究，本书认为，用户在购买前决策阶段，用户感知风险越大，用户就会越不信任企业；用户在购买后评估阶段，用户越信任企业，就越可能降低用户的感知风险。因此我们提出以下假设。

H15：用户对电子服务的感知风险负向影响用户对电子服务的使用行为意愿。

H16：用户对电子服务的态度负向影响用户对电子服务的感知风险。

H17：用户对电子服务的感知风险负向影响用户对电子服务的信任感。

（5）电子服务质量的影响。在美国学者德隆和麦克林（Delone 和 Mclean）所提出的信息系统成功模型（D&M is Success Model）中，他们将信息系统质量分为服务质量、系统质量和信息质量 3 个方面，并通过实证研究证明了信息系统质量的3个方面对信息系统的成功使用具有显著作用。在研究互联网情境中，很多研究者将电子服务也分为服务质量、系统质量和信息质量3方面进行研究。本书根据对电子服务相关文献的综述和梳理，将电子服务质量分为服务质量、系统质量和信息质量3方面。

根据Parasuraman和Zeithaml等人的研究发现，感知服务质量能够较大地影响用户感知价值和用户的行为意愿（Parasuraman、Zeithaml和Malhortra，2005）。根据TTF模型，以及相关的实证研究发现，电子服务质量会影响信息系统的感知有用性和感知易用性。本书将电子服务质量的3方面作为影响感知有用性和感知易用性的前置变量，以研究其对个人感知变量的直接影响关系和对行为意愿的间接影响。根据以上论述，本书提出以下假设。

H18：服务质量正向影响用户对电子服务的感知有用性。

H19：系统质量正向影响用户对电子服务的感知有用性。

H20：信息质量正向影响用户对电子服务的感知有用性。

H21：服务质量正向影响用户对电子服务的感知易用性。

H22：系统质量正向影响用户对电子服务的感知易用性。

H23：信息质量正向影响用户对电子服务的感知易用性。

（6）用户自我能力的影响。研究者认为自我能力是个人认为其所具有的执行一项相关活动的能力（Banduran，1986）。研究者也在关于信息系统的研究中探讨自我效能和绩效努力期望之间的影响关系，研究认为用户的自我效能越高，用户对此信息系统的感知易用性越高（Davis,1989；Mathieson,1991）。在互联网情境下，电子服务是一种自助服务，也是对互联网和移动互联网信息系统的使用。因此，本书假定用户的自我效能会对用户的电子服务感知易用性有影响。

根据信任感相关研究，研究者认为用户通过加强购买过程的控制能力，可以增强用户对企业的信任感。由于电子服务特殊的技术特性，用户拥有较强的自我能力会较好地控制电子服务的操作过程，因此本书假定用户的自我效能会对“用户对电子服务组织的信任感”有影响。根据以上分析，本书提出以下假设。

H24：自我效能会正向影响用户对电子服务的感知易用性。

H25：自我效能会正向影响用户对电子服务组织的信任感。

H26：自我效能会负向影响用户对电子服务组织的感知风险。

3.2　变量的定义和测量指标的选择

本节根据研究目的和文献分析，介绍概念模型中各个变量的操作定义以及本书中对这些变量采用的测量指标。

3.2.1　变量的操作定义

互联网和移动互联网情境下的电子服务具有服务性和技术性的双重特征，是用户通过计算机和互联网交互完成的，要求用户具有能够与互联网或移动互联网连接的智能终端、一定的智能终端和网络的使用技能。用户对电子服务的接受过程，也是用户对一项新的服务技术的接受过程，根据本书的研究情境和对相关文献的梳理分析，本书对概念模型中所包含的变量进行如下定义。

（1）感知有用性。在技术接受模型中，感知有用性是影响用户对信息技术使用意愿的一个重要影响因素。在技术接受模型中，感知有用性（PU）是指个人认为在组织内采用一种新的信息系统对其工作绩效的提高程度。

在互联网和移动互联网情境下，企业和组织提供电子服务网站、智能手机 APP 或小程序，可以被看成是一个信息系统，电子服务可以被看成是一项信息技术服务。只有用户认为该信息技术系统和信息技术服务能够帮助他们完成交易或满足他们的某种需求的时候，用户才会有使用它的意向。

在本书中，将感知有用性定义为用户认为通过使用电子服务可以为其带来的功能或者便利，其中包括可以帮助用户提高工作效率、完成交易、节省时间、扩大服务功能，以及满足其所需服务的功能。

（2）感知易用性。在技术接受模型中，感知易用性是影响用户对信息技术使用意愿的另一个重要的影响因素，并且会直接影响态度和感知有用性，间接影响使用行为意愿。在技术接受模型中，感知易用性（PEOU）是指使用新的信息技术系统对用户来说不用花费很大的努力，容易使用的程度。

在本书中，感知易用性是指用户对通过互联网和移动互联网使用组织所提供的电子服务难易程度的一种预期，这种预期包括使用计算机、移动智能终端、APP 和网络的难易程度，得到所需资源的难易程度，使用电子服务网站、APP 的难易程度，执行服务过程的难易程度等。

（3）态度。在技术接受模型中，态度是直接影响用户对信息技术使用意愿的因素。在技术接受模型中，感知有用性和感知易用性对态度有直接的影响。使用态度（A）是指个人是否喜欢使用该技术的感觉。在本书中，使用态度是指用户对在互联网和移动互联网情境中使用电子服务的感觉。

（4）用户信任感。本书将电子服务中用户的信任感定义为：用户在有风险的互联网和移动互联网环境中对电子服务提供商的能力、诚实和善意的信心。这反映了用户对电子服务提供商的信任态度，是用户对电子服务提供商的信任感知，包括能力、诚实和善意 3 个维度的感知。

对于电子服务而言，信任的 3 个维度具体体现如下。

能力是指用户对电子服务提供商能否为其提供满意的服务，能否胜任交易行为的判断，是用户通过直接或者间接经验，或者是通过其他机构的认证所进行的判断。

诚实是指电子服务提供者是否会怀着善良的意图与用户签订交易契约，提供真实信息和履行法律、规则的判断。商家的诚实使用户确信电子服务提供组织不会进行投机行为，减少感知风险。

善意是指电子服务提供商对用户的友好程度，而不是从自私自立的角度考虑企业和组织自身的利益。善意是企业对用户的同情心，是企业真诚地努力去解决用户的担心。善意可以让用户减少不确定感和避免机会主义行为产生。

（5）用户感知风险。感知风险通常被认为是对使用一个产品或服务而产生的负面影响的不确定性的担心，是一系列产出不确定性的集合，是对购买行为可能带来损失的感知。

在本书中，我们根据互联网交易的特殊性，从用户担心遭受到财务损失和时间损失、担心企业无法为自己提供满意的服务和无法提供按时服务、担心服务过程发生差错、担心企业滥用和泄露个人信息等方面将用户对电子服务的风险划分为 4 个方面：绩效风险、财务风险、安全风险和时间风险。其具体定义如下：

绩效风险。是指用户所使用的电子服务无法达到其使用前的预期，企业提供的电子服务与宣传和设计不同。在互联网和移动互联网情境下，由于用户和服务提供商无法进行面对面的交易，交易过程具有空间隔离性。用户只能通过网站、APP、小程序的感知和企业宣传做出判断，双方具有信息不对称性，这会使用户增加感知的绩效风险。

财务风险。是指用户在使用电子服务后产生的金钱损失和随后产生对此产品维护成本的可能性。比如，通过电子服务而进行交易的价格是否合理、优惠，在线交易时提供自己的财务信息，是否会致使账户被盗导致财务损失。

时间风险。是指用户在进行一项电子服务决策时会花费很多时间，包括浪费时间用于研究和制定购买电子服务，学习如何使用一项新的电子服务，以及交易发生错误需要弥补的时间等。

安全风险。是指用户在使用电子服务过程中可能造成的个人信息丢失。如，用户的个人信息在没有得到其允许或知情的情况下被使用或泄漏；用户财务信息和个人信息被黑客盗用等。

（6）电子服务质量。在互联网情境下，提供电子服务的企业具有多重角色：一是服务的提供者；二是网站的维护者；三是服务信息的发布者。本书在研究电子服务对用户使用行为和个人感知的影响时，将电子服务质量依据上述相关分析和电子服务企业职能划分为服务质量、系统质量和信息质量。

信息质量是电子服务提供商通过网站、APP（小程序、公众号等）向用户提供的与服务相关的资讯信息和交易信息。当用户通过网络使用电子服务时，首先要通过查找服务信息对服务进行了解、比较和判断。网站在向用户提供信息时要努力使信息具有准确性、及时性和实用性，以帮助用户提高查找效率，准确、顺利地完成交易。

系统质量是指电子服务商所开设网站、APP（小程序、公众号等）的系统质量，是电子服务质量的维度之一。网站系统、APP（小程序、公众号等）的设计会影响用户使用服务的方便性以及服务顺利完成的可能性。网站系统、APP（小程序、公众号等）的界面设计是否友好、是否便于用户操作，信息组织是否合理，多媒体应用是否美观，交易流程是否方便，速度是否满足要求等方面都会影响用户对此电子服务系统质量的评价。在本书中，将电子服务的系统质量划分为多媒体质量、搜索质量和响应速度质量进行测量。

服务质量是指电子服务提供商在向用户提供电子服务产品时所提供的用户支持服务，是帮助用户能够更好地使用电子服务而提供的用户服务，使得用户可以更好地与组织进行交流，解决用户所面临的问题。本书中关于电子服务中服务质量的测量，是对传统服务质量测量的延伸和应用，将从使用以往研究者对服务属性的划分，通过可及性、可靠性、响应性、安全性和礼貌性 5 个维度进行测量。

可及性是指提供的服务能够被用户获取到。本书从企业和组织为用户提供的多渠道用户服务（用户电话、电子邮件、在线客服等）是否便于用户与其进行沟通和信息获取进行测量。

可靠性是指为用户提供可靠而又正确的服务。本书从企业和组织是否为用户提供准确专业的服务、是否按约定时间为用户提供服务、是否履行服务承诺、是否保存服务记录、是否保证服务顺利完成等方面进行测量。

响应性是指能够快捷、灵活地为用户提供服务。本书从企业和组织能否为用户提供及时的服务、能否为用户提供高效的服务、服务流程是否简便、能否为用户提供及时的服务信息 4 个方面进行测量。

安全性是指在提供服务时能保证用户的人身和财产的安全。本书通过对企业是否能为用户提供可靠的服务、是否具有专业的职业操守、是否会滥用用户的个人信息 3 个方面进行测量。

礼貌性是指企业和组织为用户提供服务时有热情、文明和礼貌的态度，本书从企业是否提供热情的服务、企业提供服务时态度是否友好、企业提供服务时服务人员是否礼貌等方面进行测量。

（7）社会影响。社会影响是指用户的同事、领导、亲友以及相关群体对其的影响和评价，主要包括主观规范、社会因素和公众形象等。本书中是指用户的相关群体对电子服务以及用户使用电子服务行为的评价和影响。本书主要从用户的领导是否支持、用户的亲友是否支持、服务企业是否支持以及社会评价等方面对社会影响进行测量。

（8）自我效能。自我效能是社会心理学中源于社会认知理论的重要概念。自我效能不仅是评价个人所具有的能力，也是对个人利用自身拥有的技能所做出的主观判断。本书通过对用户是否具有相应的技能、用户是否具有获得服务所需资源的能力、以及用户是否有能使用好服务的主观信念等方面进行测量。

（9）便利条件。便利条件是指用户在使用相关技术和服务时所能获得的技术支持、资源支持的程度。本书中便利条件是指用户在接受和使用电子服务时具有相应的资源、技术和服务支持等，如具有能够连接互联网的计算机、智能手机，设备硬件足够大，具有便捷连接的网络（或移动网络），具有较熟练的计算机、智能手机和网络操作的技巧，能够容易获得企业或他人的帮助去解决所遇到的问题等。

（10）电子服务。本书根据对电子服务相关研究的总结和梳理，提出本书的电子服务定义，即电子服务是以互联网和移动互联网为基础，以提升组织和用户效率、加强组织与用户关系为目标，以用户为中心的、交互式的用户服务。

根据对以上电子服务定义相关文献的总结，以及其他学者对电子服务类型的划分与理解。本书以服务功能为基础，将电子服务定义为基于互联网和移动互联网的三类服务类型：用户支持服务、信息服务、功能交易服务。

3.2.2 测量指标选择

本书所提出的理论模型中的变量，研究者都进行了探讨和研究，并形成了相对成熟的测量结构。所以本书在综合分析国内外研究的基础上，结合互联网情境下用户行为的特征，对模型中的变量指标进行修正。在本书中，理论模型的所有变量都采用李克特（Likert）5 分量表法进行测量。各变量的测量指标及来源如表 3-1 所示。

本书中，人口统计特征的测量包括：性别、年龄、职业教育程度 4 个指标。网络使用经验由网络使用年限、有无电子服务使用经历来测量。

表 3-1　研究变量与测量指标汇总

变量	条目	测量指标	来源
感知有用性（PU）	PU1	使用网络电子服务可以提高我处理相关业务的效率	Davis（1989）
	PU2	对我来说使用网络电子服务来处理业务变得更容易	
	PU3	使用网络电子服务不受时间和空间的限制	
	PU4	我觉得网络电子服务很有用	
感知易用性（PEOU）	PEOU1	学会使用网络电子服务对我来说很容易	Davis（1989）
	PEOU2	熟练使用网络电子服务所需的操作对我来说很容易	
	PEOU3	我觉得网络电子服务很容易使用	
使用态度（A）	A1	我认为使用网上 / 手机银行是个好主意	Davis（1989）、Taylor 和 Todd（1995）
	A2	我认为使用网上 / 手机银行处理银行业务是个明智的选择	
	A3	我认为使用网上 / 手机银行是很愉快的	
	A4	我认为值得使用网上 / 手机银行	
行为意愿（BI）	BI1	我会考虑使用电子服务	Davis（1989）、Taylor 和 Todd（1995）
	BI2	我打算在未来进行相关交易时，会尽可能地使用电子服务来完成	
	BI3	我会向亲友推荐我所使用的电子服务	
感知风险（PR）	PRU1	我担心因为网络问题，无法正常使用电子服务	Todd（1997）、Pavlou（2003）
	PRU2	我担心因为操作系统兼容性问题，无法正常使用电子服务	
	PRU3	我担心所使用的电子服务无法达到预期的效果	
	PRU4	我担心使用的电子服务和企业的宣传和承诺不一致	
	PRF1	我担心使用网上电子服务时会因输入错误而产生经济损失	
	PRF2	我担心使用网上电子服务会遭到欺骗或黑客攻击而产生经济损失	
	PRF3	如果使用网上电子服务发生交易错误，我担心无法得到补偿	
	PRS1	我认为向电子服务网站提供个人信息不是完全安全的	

续表

变量	条目	测量指标	来源
感知风险（PR）	PRS2	我担心在使用电子服务时，别人可以登录我的网上银行账户	Todd（1997）、Pavlou（2003）
	PRS3	我认为通过电子服务相关网站传递敏感信息是不安全的	
	PRT1	我需要花费很多时间去学习与电子服务相关的操作	
	PRT2	使用网上电子服务会浪费很多时间去处理交易中的错误	
	PRT3	使用网上电子服务的前期准备需要花费很多时间	
信任感（T）	T1	电子服务企业会诚实地对待我	Gefen（2003）、Pavlou（2003）
	T2	我认为电子服务企业是有信誉的	
	T3	我相信电子服务企业会信守承诺	
	T4	我认为电子服务企业是诚实可信的	
	T5	我认为电子服务企业有能力提供承诺的电子服务	
	T6	电子服务企业提供的电子服务业务非常专业	
	T7	电子服务企业能够很好地提供在线电子服务相关业务	
	T8	总之，电子服务企业精通其所提供的电子服务业务	
	T9	我相信电子服务企业会考虑我们用户的利益	
	T10	如果需要，电子服务企业会尽力地帮助我	
	T11	电子服务企业在考虑自身企业利益时也会顾及我们用户的利益	
服务质量（SERQ）	SERQA1	电子服务企业的客户服务电话容易打通	Parasuraman、Zeithaml 和 Berry（1988）
	SERQA2	电子服务企业会通过邮件很快地回复我的咨询信息	
	SERQA3	我认为办理电子服务相关业务很方便	
	SERQA4	和企业进行电子服务业务的沟通很容易	
	SERQC1	电子服务企业的客服电话服务态度很好	
	SERQC2	企业工作人员在为客户解释和办理电子服务业务时态度很好	
	SERQC3	电子服务企业提供用户服务时很热情	

续表

变量	条目	测量指标	来源
服务质量（SERQ）	SERQR1	电子服务企业的客服可以迅速地帮我解决所遇到的问题	Parasuraman、Zeithaml 和 Berry（1988）
	SERQR2	电子服务企业的服务流程很简洁	
	SERQR3	电子服务企业能够为我提供及时的服务信息	
	SERQR4	电子服务提供企业的客户服务的反应速度满足我的要求	
	SERQL1	电子服务的客户支持服务很专业	
	SERQL2	电子服务企业的客户服务给出的解决方案很可信	
	SERQL3	电子服务企业办理业务的工作人员很专业	
	SERQL4	我相信企业能解决我使用电子服务遇到的问题	
	SERQL5	总体说，电子服务的客户服务很可信	
	SERQS1	电子服务企业的客户服务很可靠	
	SERQS2	电子服务企业具有职业操守	
	SERQS3	我相信电子服务企业不会滥用我的个人信息	
系统质量（SQ）	SQM1	电子服务网站 /APP 的音频运用恰当	Cao（2005）、McKnight 和 Chervany（2001）
	SQM2	电子服务网站 /APP 的视频运用恰当	
	SQM3	电子服务网站 /APP 的动画 / 图片运用恰当	
	SQM4	电子服务网站 /APP 的多媒体运用恰当	
	SQS1	电子服务网站 /APP 有清楚的栏目指引	
	SQS2	电子服务网站 /APP 的链接组织得当	
	SQS3	电子服务网站 /APP 的结构合乎逻辑	
	SQS4	电子服务网站 /APP 的导航容易使用	
	SQS5	电子服务网站 /APP 上有指南资料	
	SQS6	我觉得在电子服务网站 /APP 上能很容易找到我要的信息	
	SQR1	电子服务网站 /APP 的反应速度合乎我的要求	
	SQR2	电子服务网站 /APP 的搜索速度很快	
	SQR3	电子服务网站 /APP 的搜索时间合乎我的要求	
	SQR4	电子服务网站 /APP 的下载速度合乎我的要求	
	SQR5	电子服务网站 /APP 对我的查询响应很及时	

续表

变量	条目	测量指标	来源
信息质量（IQ）	IQQ1	电子服务网站 /APP 上的信息很有用	Cao（2005）、McKnight 和 Chervany（2001）
	IQQ2	电子服务网站 /APP 上的信息很准确	
	IQQ3	电子服务网站 /APP 上的信息经常更新	
	IQQ4	电子服务网站 /APP 上的信息质量很高	
	IQQ5	电子服务网站 /APP 上的信息很及时	
	IQT1	电子服务网站 /APP 上的信息对我很实用	
	IQT2	我能在电子服务网站 /APP 上找到我需要的信息	
	IQT3	电子服务网站 /APP 提供了很多实用的信息	
	IQS1	电子服务网站 /APP 的信息是安全的	
	IQS2	电子服务网站 /APP 使用的安全保障技术可靠	
	IQS3	电子服务网站 /APP 的安全保障技术可以保障我的个人信息安全	
	IQS4	电子服务网站 /APP 的完全保障技术可以保障我的账户安全	
社会影响（SI）	SI1	管我的人（领导、师长等）觉得我应该用电子服务	Venkatesh（2000，2003）
	SI2	对我很重要的人（家人、朋友等）觉得我应该用电子服务	
	SI3	企业管理层在努力促进电子服务的使用	
	SI4	用户使用电子服务会得到很高的社会评价	
	SI5	我周边那些用电子服务的人受到更多人的赞同	
自我能力（SF）	SF1	即使身边没人帮忙，我也能用电子服务完成交易	Johnson 和 Marakas（2000）
	SF2	如果遇到问题能找到人帮忙，我就能用电子服务完成交易	
	SF3	如果时间宽裕，我就能用电子服务完成交易	
	SF4	如果网站 /APP 有帮助信息，我就能用电子服务完成交易	
	SF5	我想使用电子服务时，能够比较容易获得电子服务交易所需的资源	
	SF6	如果开始有人帮我一下，我就能顺利使用电子服务完成交易	

续表

变量	条目	测量指标	来源
便利条件（SC）	SC1	我具备使用电子服务所需的资源	Venkatesh（2003）
	SC2	我具备使用电子服务所需的知识和技巧	
	SC3	电子服务所需的技术和软件系统同我用的其他系统兼容	
	SC4	使用电子服务如果遇到困难，我能够找到人帮忙解决	
	SC5	我能找到电子服务的使用指南资料	

3.3　问卷设计与样本收集

本节介绍问卷的设计过程和数据收集的情况。本书为了保证所设计的问卷具有科学性和有效性，在问卷设计过程中经历了实践观察、调研访谈、文献研究等几个过程。在设计完原始问卷之后，通过小规模前期测试和专家意见对问卷的格式和内容进行了修改。

3.3.1　问卷结构体系

本书研究的是互联网和移动互联网情境下用户的电子服务接受行为，根据本书的研究目的和所使用的研究理论，梳理和参考国内外的相关文献资料，设计出以结构化为主的成熟量表调查工具。本书将网上 /APP 客户服务支持、网上 /APP 银行和网上 /APP 旅游咨询服务作为电子服务的特例，对用户进行问卷调查研究，综合分析用户对电子服务的使用行为和感知、评价。被调查者如果使用过以上两种服务的一种，便可以回答问卷。本书的问卷由两大部分构成（见附录）：第一部分是用户对电子服务的感知有用性、感知易用性、态度、行为意愿等；第二部分是用户对电子服务的感知风险和信任；第三部分是用户对电子服务质量的感知；第四部分是关于社会影响、自我效能和便利条件等；第五部分是个人基本信息。在测量方法上，除了第五部分是选择题之外，其余部分都采用李克特（Likert）五分量表法，从“非常不同意”“不同意”“没有意见”“同意”和“非常同意”分别给予 1、2、3、4、5 的分数，请被调查者根据自己的主观感受进行打分，从而对变量进行测量。

3.3.2 问卷前测

为了确保问卷的效度和收集数据的有效性，本书进行了问卷的前期测试和探索性因子分析。

为了避免所设计的问卷存在语意和逻辑上的问题，使得被调查者不能正确理解问卷中题目所表达的意思而错误地回答问卷，进而影响问卷的效度，在问卷初步设计后，首先将问卷交予 3 名管理学教授给予审阅指导，并将问卷发放给 20 名普通用户进行填写。然后，根据他们的反馈意见对问卷进行逻辑和语句上的修改，以确保问卷的理解性和有效性。

在进行问卷首次修改之后，本书将对问卷进行小范围的发放，利用所收集的数据进行探索性因子分析，删除问卷中小于 0.5 的指标。本书中的探索性因子分析共发放问卷 200 份，收集有效问卷 132 份。探索性因子分析问卷所发放的对象是有过网上银行 / 手机银行或者网上 /APP 旅游咨询经历的高年级本科生、硕士研究生和博士研究生。之所以选择具有高学历的学生作为电子服务的研究样本，是因为互联网研究的统计报告显示，在我国网民结构中，具有使用电子政务和电子商务经历的人群具有高学历特征。在收集探索性因子分析所需要的样本数据之后，本书使用 SPSS16.0 软件对数据进行探索性因子分析，删除因子聚合度不好的一些变量，形成本书的正式调查问卷。

3.3.3 正式调查

本书所探讨的是在互联网和移动互联网情境下，影响用户对电子服务接受使用行为的因素。首先本书选择了 3 类具有代表性的电子服务作为调研对象，即选择网络客户服务支持、网上 / 手机银行服务和网上 /APP 旅游咨询服务作为研究对象。网上 / 手机银行是在互联网相关研究中最为被关注的研究对象，也是电子服务的典型代表。网上 / 手机银行服务包含电子服务的 3 种服务模式：交易功能服务、信息查询服务、用户支持服务，其核心是交易功能服务。网上 /APP 旅游咨询是网站企业将旅游咨询信息、旅游预订、客房和机票预订通过电子服务的方式在互联网上提供，其核心是信息咨询服务。网上 /APP 用户服务支持，是传统客户服务的网络化，是企业和组织将以往通过实体向用户传递的服务通过网络和移动互联网传递。所以本书选择网上 /APP 客户服务支持、网上 / 手机银行和网上 /APP 旅游服务作为研究对象。

本书的调查对象主要以高校的学生和企事业单位中的年轻员工为主体。选择这两部分群体作为研究样本主要有两个原因：一是样本数据比较容易收集；二是在互联网的购物、商务群体中，这两类用户是主力用户。这些群体一般具有可观的可支配收入，又具有一定网络使用经验，也是企业和组织推广电子服务的潜力客户群体。尤其是高校学生，将会是企业未来推广电子服务的主力消费群体。

为了确保所收集数据的质量，本书中的被调查者必须是使用过网上 / 手机银行，或者使用过旅游服务网站 /APP 的群体。包括利用这些网站 /APP 进行信息查询，使用或者试图使用网上 / 手机银行进行交易，使用或者试图使用网站 /APP 进行旅游服务交易，或者通过网站寻求用户服务帮助等。

本书使用发放纸制问卷和发放网络电子问卷相结合的方式。在正式调查阶段，本研究共计发放问卷 500 份，回收问卷 426 份，问卷回收率为 85.2%，其中有效问卷为 356 份，回收问卷有效率为 83.6%。

3.3.4 样本概况

本书通过前期测试收集到用于探索性因子分析的有效问卷132份，在正式调查中收集到有效问卷356份。本书通过使用SPSS分别对两次收集到的样本进行描述性统计分析。其描述性统计分析主要包括以下几个方面：性别、年龄、文化程度、互联网使用经验和电子服务使用经历等方面。

3.3.4.1 探索性研究样本概况

探索性研究所收集的样本主要是大学中具有高学历的学生，女性略多于男性，年龄分布主要集中在20～30岁，文化程度主要是本科和硕士。在被调查者的网络使用经验方面，被调查者的网络使用年限大部分都在两年以上，占总人数的94.7%。这说明探索性因子分析中的样本满足电子服务使用者的年龄，并具有互联使用经验的基本特性。探索性因子分析的样本具体分布数据如表3-2所示。

表3-2 探索性因子分析的样本统计描述

特征变量	类型	样本数目	百分比
性别	男	60	45.5%
	女	72	54.5%
年龄	20岁及以下	2	1.5%
	21～25岁	71	53.8%
	26～29岁	56	42.4%
	30～35岁	2	1.5%
	36岁及以上	0	0
文化程度	专科	0	0
	本科	68	51.5%
	硕士	55	41.7%
	博士	9	6.8%
职业	学生	107	81.1%
	上班族	25	18.9%

续表

特征变量	类型	样本数目	百分比
互联网使用年限	1 年及以下	7	5.3%
	2 ～ 4 年	63	47.7%
	5 年及以上	62	47%

3.3.4.2 确认性研究样本概况

探索性研究所收集的样本主要是大学中具有高学历的学生和一些企事业单位的上班族，女性略多于男性，年龄集中在 20 ～ 35 岁，教育程度主要是本科和硕士。确认性因子分析的样本具体分布数据如表 3-3 所示。

表 3-3 确认性因子分析的样本统计描述

特征变量	类型	样本数目	百分比
性别	男	175	49.2%
	女	181	50.8%
年龄	20 岁及以下	5	1.4%
	21 ～ 25 岁	153	43%
	26 ～ 29 岁	116	32.6%
	30 ～ 35 岁	72	20.2%
	36 岁及以上	10	2.8%
文化程度	专科	27	7.6%
	本科	163	45.8%
	硕士	146	41%
	博士	24	6.7%
职业	学生	197	55.3%
	上班族	159	44.7%
互联网使用年限	1 年及以下	15	4.2%
	2 ～ 4 年	136	38.2%
	5 年及以上	205	57.6%

第4章 电子服务用户使用行为模型的实证分析

本章通过使用结构方程模型的方法对所收集的数据进行分析，以探讨理论模型的合理性和研究假设的支持性。在本书中使用的实证研究方法有探索性因子分析、验证性因子分析、二阶因子分析、测量模型检验分析和结构模型检验分析。本书使用的分析软件主要是 SPSS 和 Lisrel。

本章共 6 节，第 1 节是对调查问卷前期测试收集的数据进行探索性数据分析，以测量测度项与因子、因子与因子之间的关系，根据验证性因子分析的结果对问卷进行修改；第 2 节是对正式调查中收集的数据进行验证性因子分析，以检验问卷数据的收敛效度和区分效度；第 3 节是对问卷进行信度检验，以验证数据是否可以用来进行后续的模型研究；第 4 节是二阶因子分析，通过使用 Lisrel 软件和结构方程的方法，对研究中的电子服务质量变量进行二阶因子分析，以检验电子服务质量测量的合理性；第 5 节是应用 Lisrel 对结构方程模型进行验证，包括测量模型分析、结构模型分析、修正模型分析以及变量间影响关系的探讨；第 6 节是对实证研究分析的总结。

4.1 探索性因子分析

探索性因子分析是因子分析的一种方法，是为了得到测度项与因子，以及因子与因子之间关系所做的一种统计方法。在进行一项问卷调查时，我们不能确定问卷中所使用的变量，以及变量之间的测量项是否具有足够的区分效度，因此使用探索性因子分析对测度项和因子进行分析，通过统计规则获取每个因子最适合的测度项。

本书使用 SPSS 软件对收集的前期数据做探索性因子分析。研究通过使用 SPSS 软件对数据进行主成分分析法作为提取因子的方法；采用方差最大法对因子进行正交旋转，得到所要的因子结构。本书对调查问卷的 3 个部分分别进行探索性因子分析，以得出与所研究目的相符的因子结构。

在做因子分析前，本书通过使用 KMO（Kaiser-Meyer-Olkin）值对数据进行因子分析适合性检验。KMO 值与公共因子的多少成正相关关系，KMO 值大，反应变量之间的公共因子越多，越适合做因子分析。如果 KMO 值小于 0.5，表明该数据不适合做因子分析（Kaiser）。

4.1.1 信念、态度和行为意向等主变量的探索性因子分析

在对问卷第一部分关于用户的信念、态度和行为意向等主变量进行分析时，得出样本的 KMO 值为 0.877> 0.5，说明此部分数据样本适合进行因子分析。同时 Bartlett 球形检验的卡方值为 5.863E3，显著性水平为 0.000，说明各个指标间没有对立，并且是相互联系的。以上分析结果表明此部分数据适合进行因子分析，如表 4-1 所示。

表 4-1 信念、态度和行为意向等主变量的 KMO 和 Bartlett 球形检验

样本的 KMO 值（Kaiser-Meyer-Olkin Measure of Sampling Adequacy）		0.877
巴特利特球形检验（Bartlett's Test of Sphericity）	卡方检验值（Apporx. Chi-square）	5.863E3
	自由度（df）	435
	显著性水平（Sig.）	0.000

在问卷第一部分关于用户的信念、态度和行为意向等主变量的测量中，

主要包括感知有用性（PU）、感知易用性（PEOU）、使用态度（A）、行为意愿（BI）、社会影响（SI）、自我效能（SF）和便利条件（SC）7 个变量。

在此部分探索性因子分析中，本书提取出特征值大于 1 的 7 个因子，与问卷的预期目的相同。提取出的 7 个因子累积解释了 65.398% 的方差，各个测量指标在与其相关联的变量上的因子负荷都大于 0.5，交叉变量的因子负荷没有超过 0.5。以上数据分析表明问卷具有较好的结构效度，其探索性因子分析结果如表 4-2 所示。

表 4-2　信念、态度和行为意向等主变量的探索性因子分析

测量指标	因子负荷						
	SC	PU	A	SF	PEOU	SI	BI
PU1	0.151	0.806	0.243	0.070	0.152	-0.013	0.090
PU2	0.193	0.797	0.189	0.076	0.157	0.105	0.178
PU3	0.075	0.776	0.183	0.053	0.152	0.059	0.142
PU4	0.113	0.735	0.278	0.143	0.068	0.073	0.123
PEOU1	0.175	0.198	0.239	0.127	0.792	0.016	0.070
PEOU2	0.167	0.175	0.212	0.067	0.827	0.036	0.128
PEOU3	0.078	0.104	0.171	0.072	0.836	0.063	0.090
A1	0.101	0.225	0.726	0.113	0.092	0.060	0.265
A2	0.060	0.287	0.738	0.130	0.143	0.118	0.184
A3	0.100	0.123	0.701	0.053	0.242	0.157	-0.007
A4	0.186	0.269	0.759	0.129	0.162	0.114	0.103
BI1	0.124	0.221	0.409	0.081	0.213	0.000	0.765
BI2	0.152	0.216	0.219	0.080	0.106	0.109	0.825
BI3	0.137	0.208	0.230	0.041	0.123	0.161	0.784
SI1	0.048	0.016	0.113	0.063	0.000	0.831	0.031
SI2	0.030	0.083	0.133	0.118	0.042	0.821	0.076
SI3	0.168	0.091	-0.003	0.138	0.092	0.743	0.268

续表

测量指标	因子负荷						
	SC	PU	A	SF	PEOU	SI	BI
SI4	0.275	0.145	0.123	0.205	0.169	0.770	0.250
SI5	0.036	0.040	0.060	0.090	0.044	0.706	0.069
SF1	0.364	0.183	-0.034	0.776	0.354	0.243	0.209
SF2	0.121	0.081	0.016	0.837	0.025	0.030	-0.015
SF3	0.161	0.112	0.071	0.753	0.136	0.147	0.066
SF4	0.173	0.103	0.109	0.793	0.106	0.080	0.074
SF5	0.337	0.128	0.059	0.386	0.246	0.244	0.224
SF6	0.070	-0.002	0.201	0.756	0.010	0.117	0.046
SC1	0.821	0.087	0.027	0.103	0.167	-0.029	0.172
SC2	0.806	0.066	0.061	0.071	0.119	0.038	0.187
SC3	0.770	0.052	0.094	0.184	0.149	0.090	0.066
SC4	0.739	0.144	0.187	0.095	0.008	0.059	-0.062
SC5	0.809	0.150	0.096	0.124	0.029	0.052	0.027
特征值	9.298	2.776	2.340	1.878	1.562	1.245	1.101
解释方差	30.993%	9.221%	7.799%	6.258%	5.206%	4.150%	3.671%
累积解释方差为 65.398%							

注：阴影部分代表旋转后聚焦的关联变量，其因子负荷都大于 0.5。

4.1.2 电子服务质量的探索性因子分析

在对问卷第二部分关于用户对电子服务质量主变量进行分析时，得出样本的 KMO 值为 0.886> 0.5，说明此部分数据样本适合进行因子分析。同时 Bartlett 球形检验的卡方值为 1.214E4，显著性水平为 0.000，说明各个指标间没有对立，并且是相互联系的。以上分析结果表明此部分数据适合进行因子分析，如表 4-3 所示。

表 4-3　电子服务质量变量的 KMO 和 Bartlett 球形检验

样本的 KMO 值（Kaiser-Meyer-Olkin Measure of Sampling Adequacy）		0.886
巴特利特球形检验（Bartlett's Test of Sphericity）	卡方检验值（Apporx. Chi-square）	1.214E4
	自由度（df）	1035
	显著性水平（Sig.）	0.000

本书对将电子服务划分为服务质量（SERQ）、系统质量（SQ）和信息质量（IQ）进行测量。其中服务质量分为服务可及性（SERQA）、服务礼貌性（SERQC）、服务响应性（SERQR）、服务可靠性（SERQL）和服务安全性（SERQL）5 个维度；系统质量分为系统多媒体质量（SQM）、系统搜索质量（SQS）和系统响应质量（SQR）3 个维度；信息质量分为信息真实性（IQQ）、实用性（IQT）和安全性（IQS）3 个维度进行测量。

在此部分探索性因子分析中，本书提取特征值大于 1 的 11 个因子，与问卷的预期目的相同。提取的 11 个因子累积解释了 76.260% 的方差，各个测量指标在与其相关联的变量上的因子负荷都大于 0.5，交叉变量的因子负荷没有超过 0.5。以上数据分析表明问卷具有较好的结构效度，其探索性因子分析结果如表 4-4 所示。

4.1.3　信任感变量的探索性因子分析

在对问卷第三部分关于用户信任感变量进行分析时，得出样本的 KMO 值为 0.846> 0.5，说明此部分数据样本适合进行因子分析。同时 Bartlett 球形检验的卡方值为 2.661E3，显著性水平为 0.000，说明各个指标间没有对立，并且是相互联系的。以上分析结果表明此部分数据适合进行因子分析，如表 4-5 所示。

表 4-4 电子服务质量探索性因子分析

测量指标	因子负荷										
	SQS	SERQL	SQR	IQQ	SERQR	SQM	IQS	SERQA	SERQC	IQT	SERQS
SERQA1	0.084	0.086	0.086	0.178	0.176	0.115	0.177	0.686	0.141	0.004	0.085
SERQA2	0.021	0.016	0.100	0.013	0.107	0.069	0.076	0.859	0.036	0.064	0.052
SERQA3	0.177	0.144	0.094	0.020	0.087	0.048	-0.032	0.791	0.159	0.119	0.028
SERQA4	0.177	0.285	0.057	-0.013	0.219	0.076	-0.026	0.622	0.139	0.017	0.103
SERQC1	0.076	0.187	0.150	0.082	0.152	0.055	0.055	0.192	0.819	0.020	0.090
SERQC2	0.072	0.193	0.137	0.072	0.173	0.082	0.076	0.144	0.838	0.006	0.034
SERQC3	0.067	0.193	0.108	0.113	0.246	0.049	0.108	0.120	0.821	0.103	0.059
SERQR1	0.093	0.254	0.016	0.037	0.832	0.062	0.070	0.097	0.186	0.038	0.056
SERQR2	0.050	0.213	0.067	0.049	0.833	0.070	0.029	0.213	0.136	-0.049	0.130
SERQR3	0.063	0.310	0.076	0.057	0.832	0.093	0.096	0.122	0.139	0.045	0.110
SERQR4	0.069	0.247	0.065	0.022	0.839	0.040	0.063	0.150	0.114	0.051	0.102
SERQL1	0.052	0.790	0.067	0.101	0.292	0.107	0.033	0.153	0.125	0.001	0.107
SERQL2	0.094	0.808	0.052	0.092	0.290	0.085	0.138	0.148	0.103	-0.007	0.062
SERQL3	0.081	0.804	0.092	0.063	0.220	0.153	0.102	0.073	0.148	0.006	0.098
SERQL4	0.072	0.741	0.115	0.124	0.059	0.102	0.123	0.103	0.133	0.038	0.168
SERQL5	0.150	0.716	0.002	0.111	0.303	0.170	0.149	0.030	0.126	0.095	0.102
SERQS1	0.204	0.246	0.143	0.075	0.190	0.160	0.127	0.103	0.151	0.038	0.734
SERQS2	0.195	0.217	0.010	0.032	0.187	0.155	0.053	0.074	0.103	0.016	0.828

续表

测量指标	因子负荷										
	SQS	SERQL	SQR	IQQ	SERQR	SQM	IQS	SERQA	SERQC	IQT	SERQS
SERQS3	0.119	0.080	0.022	0.113	0.050	0.095	0.264	0.088	-0.034	0.074	0.743
SQM1	0.153	0.176	0.063	0.064	0.032	0.857	0.117	0.088	0.033	0.072	0.111
SQM2	0.178	0.097	0.064	0.080	0.057	0.865	0.125	0.099	0.005	0.104	0.079
SQM3	0.194	0.123	0.044	0.038	0.098	0.840	0.168	0.040	0.069	0.027	0.114
SQM4	0.131	0.125	0.091	0.046	0.069	0.859	0.149	0.071	0.082	0.052	0.069
SQS1	0.710	0.021	0.099	0.131	0.056	0.183	0.078	0.120	0.041	0.062	0.183
SQS2	0.793	0.063	0.143	0.027	0.021	0.140	0.096	0.076	0.046	0.113	0.093
SQS3	0.813	0.000	0.098	0.118	0.071	0.114	0.090	0.053	0.061	0.153	0.088
SQS4	0.806	0.094	0.096	0.122	0.050	0.111	0.092	0.069	0.063	0.067	0.094
SQS5	0.820	0.150	0.037	0.076	0.001	0.041	0.149	0.068	0.127	0.079	0.078
SQS6	0.774	0.089	0.126	0.109	0.101	0.108	0.135	0.065	-0.089	0.056	-0.026
SQR1	0.108	-0.011	0.838	0.016	0.048	0.064	0.060	0.047	0.124	0.051	0.002
SQR2	0.088	0.107	0.835	0.139	0.042	0.039	0.062	0.064	0.059	0.080	0.027
SQR3	0.084	0.107	0.871	0.083	0.041	0.069	0.082	0.098	0.067	0.122	0.028
SQR4	0.151	0.012	0.809	0.097	0.013	0.066	0.021	0.027	0.018	0.110	0.123
SQR5	0.097	0.072	0.709	0.030	0.057	0.017	0.120	0.086	0.088	0.135	-0.025
IQQ1	0.149	0.057	0.097	0.749	-0.032	0.034	0.015	0.080	0.169	0.025	-0.050
IQQ2	0.056	0.064	0.068	0.802	0.072	0.013	0.105	0.031	0.085	0.036	0.117

续表

测量指标	因子负荷										
	SQS	SERQL	SQR	IQQ	SERQR	SQM	IQS	SERQA	SERQC	IQT	SERQS
IQQ3	0.133	0.094	0.011	0.805	0.066	0.063	0.075	-0.030	0.037	-0.011	0.010
IQQ4	0.092	0.110	0.093	0.842	0.004	0.081	0.058	0.065	0.016	0.116	0.088
IQQ5	0.073	0.059	0.088	0.830	0.043	0.028	0.160	0.035	-0.062	0.122	0.042
IQT1	0.124	0.057	0.199	0.116	0.010	0.082	0.117	0.052	0.084	0.830	0.035
IQT2	0.187	0.024	0.178	-0.007	0.042	0.035	0.142	0.050	-0.007	0.840	0.012
IQT3	0.159	0.007	0.130	0.179	0.019	0.122	0.148	0.095	0.036	0.798	0.071
IQS1	0.143	0.139	0.111	0.071	0.032	0.157	0.855	0.030	0.086	0.111	0.105
IQS2	0.140	0.125	0.119	0.120	0.060	0.127	0.854	0.080	0.074	0.075	0.099
IQS3	0.163	0.101	0.085	0.124	0.104	0.161	0.806	0.029	0.031	0.155	0.148
IQS4	0.175	0.100	0.065	0.141	0.059	0.134	0.828	0.056	0.052	0.110	0.073
特征值	12.55	4.37	3.14	2.88	2.44	2.09	1.84	1.60	1.5	1.37	1.35
解释方差	27.3%	9.5%	6.8%	6.3%	5.3%	4.43%	4.0%	3.5%	3.3%	3.0%	2.9%
累积解释方差为 76.260%											

注：阴影部分代表旋转后聚焦的关联变量，其因子负荷都大于 0.5。

表 4-5　信任感变量的 KMO 和 Bartlett 球形检验

样本的 KMO 值（Kaiser-Meyer-Olkin Measure of Sampling Adequacy）		0.846
巴特利特球形检验（Bartlett's Test of Sphericity）	卡方检验值（Apporx. Chi-square）	2.661E3
	自由度（df）	55
	显著性水平（Sig.）	0.000

在本书中，在关于用户信任感的测量中将信任感分为对企业或组织的诚实、能力和善意 3 个维度进行测量。在调查问卷中共设计 11 个测量题项用于测量信任感的 3 个维度。

在此部分探索性因子分析中，本书提取出特征值大于 1 的 3 个因子，与问卷的预期目的相同。提取出的 3 个因子累积解释了 77.937% 的方差，各个测量指标在与其相关联的变量上的因子负荷都大于 0.5，交叉变量的因子负荷没有超过 0.5。以上数据分析表明问卷具有较好的结构效度，其探索性因子分析结果如表 4-6 所示。

表 4-6　信任感变量的探索性因子分析

测量指标	因子负荷		
	诚实	能力	善意
$T1_{-1}$	0.887	0.172	0.171
$T1_{-2}$	0.913	0.139	0.129
$T1_{-3}$	0.876	0.184	0.166
$T1_{-4}$	0.839	0.190	0.133
$T2_{-1}$	0.192	0.733	0.053
$T2_{-2}$	0.198	0.831	0.124
$T2_{-3}$	0.137	0.863	0.206
$T2_{-4}$	0.108	0.794	0.236
$T3_{-1}$	0.184	0.174	0.861
$T3_{-2}$	0.189	0.176	0.864
$T3_{-3}$	0.118	0.166	0.888
特征值	5.098	1.901	1.574
解释方差	46.350%	17.279%	14.309%
累积解释方差为 77.937%			

注：阴影部分代表旋转后聚焦的关联变量，其因子负荷都大于 0.5。

4.1.4 感知风险变量的探索性因子分析

在对问卷第四部分关于用户的感知风险变量进行分析时，得出样本的 KMO 值为 0.803> 0.5，说明此部分数据样本适合进行因子分析。同时 Bartlett 球形检验的卡方值为 1.879E3，显著性水平为 0.000，说明各个指标间没有对立，并且是相互联系的。以上分析结果表明此部分数据适合进行因子分析，如表 4-7 所示。

表 4-7 感知风险变量的 KMO 和 Bartlett 球形检验

样本的 KMO 值（Kaiser-Meyer-Olkin Measure of Sampling Adequacy）		0.803
巴特利特球形检验（Bartlett's Test of Sphericity）	卡方检验值（Apporx. Chi-square）	1.879E3
	自由度（df）	78
	显著性水平（Sig.）	0.000

在问卷第四部分关于用户的感知风险（PR）构念测量中，将感知风险分为 4 个维度：绩效风险、感知财务风险、感知安全风险和感知时间风险，共使用 13 个测量题项对其进行测量。

在此部分探索性因子分析中，本书提取出特征值大于 1 的 4 个因子，与问卷的预期目的相同。提取出的 7 个因子累积解释了 71.552% 的方差，各个测量指标在与其相关联的变量上的因子负荷都大于 0.5，交叉变量的因子负荷没有超过 0.5。以上数据分析表明问卷具有较好的结构效度，其探索性因子分析结果如表 4-8 所示。

表 4-8 感知风险变量的探索性因子分析

测量指标	因子负荷			
	绩效风险	财务风险	安全风险	时间风险
$PR1_{-1}$	0.821	0.050	0.104	0.154
$PR1_{-2}$	0.835	0.033	-0.002	0.115
$PR1_{-3}$	0.841	0.176	0.088	0.072
$PR1_{-4}$	0.658	0.259	0.057	0.174

续表

测量指标	因子负荷			
	绩效风险	财务风险	安全风险	时间风险
PR2.1	0.176	0.852	0.013	0.098
PR2.2	0.183	0.832	-0.019	0.230
PR2.3	0.067	0.850	0.023	0.167
PR3.1	0.181	0.089	0.071	0.809
PR3.2	0.191	0.226	0.152	0.737
PR3.3	0.087	0.187	0.071	0.851
PR4.1	0.081	-0.066	0.817	-0.025
PR4.2	0.005	0.073	0.846	0.167
PR4.3	0.111	0.023	0.842	0.133
特征值	4.275	2.085	1.710	1.232
解释方差	32.886%	16.038%	13.150%	9.477%
累积解释方差为 71.552%				

注：阴影部分代表旋转后聚焦的关联变量，其因子负荷都大于 0.5。

4.1.5　探索性因子分析小结

本节对前期调查的数据样本进行了探索性因子分析，使用 SPSS 软件分别对问卷中的四部分数据进行了主成分分析提取因子，采用方差最大法对因子进行正交旋转，得到所要的因子结构。并使用 KMO（Kaiser-Meyer-Olkin）值对数据进行因子分析适合性检验。根据 KMO 值和 Bartlett 球形检验结果，调查问卷前期测试收集到的数据适合做探索性因子分析。根据本节对四个部分问卷所做的探索性因子分析，共提出有效因子 25 个，与问卷预期相同。

4.2　验证性因子分析

验证性因子分析是对一个因子与其测度项之间设计关系的一种统计测

量。在对样本数据做正式的结构方程模型检验之前，必须对通过调查问卷所收集的样本进行信度和效度检验以确保调查问卷的质量，才可以对数据进行后面的统计分析。

本书使用验证性因子分析对问卷数据的收敛效度和区分效度进行检验，使用 Cronbach's α 系数对信度进行检验评估。在本节中，研究使用 Lisrel 对正式调查的数据进行验证性因子分析，以评估正式调查问卷的区分效度和收敛效度。

4.2.1 收敛效度检验

本书使用 Fornell 和 Larcker 所研究的关于评估收敛效度的三项原则做收敛效度评估（Fornell 和 Larcker，1981）。即：①所有可观测变量的测量指标的完全标准化因子负荷（Factor Loading）要求大于 0.5，并且达到显著水平（$P<0.05$，或者 $P<0.1$）；②组合信度（Composite Reliability）值要求大于 0.7；③平均变异萃取量（Average Variance Extracted，AVE）值要求大于 0.5。

其中，组合信度也称为建构信度，通过公式 4-1 计算，用于检验验证性因子分析中潜在变量的信度。结构变量的收敛效度是通过各个变量的 AVE 值反映的。AVE 是由于测量误差所引起结构变量从其观测变量处获取解释时的方差，用公式 4-1、4-2 估计。

$$CR=\frac{\left(\sum_{n=1}^{k}\lambda\right)^2}{\left(\sum_{n=1}^{k}\lambda\right)^2+\sum_{n=1}^{k}\varepsilon} \qquad \text{公式 4-1}$$

$$AVE=\frac{\left(\sum_{n=1}^{k}\lambda\right)^2}{\left(\sum_{n=1}^{k}\lambda\right)^2+\sum_{n=1}^{k}\varepsilon} \qquad \text{公式 4-2}$$

公式中 λ 是观测变量的因子负荷，ε 是测量误差。如果 AVE 大于 0.5，表明验证性因子分析中的结构变量具有很好的收敛效度，即 50% 以上的观测变量方差被解释。

本书收集的问卷样本数据，通过使用 LISREL 进行测量模型的验证性因子分析，得出所有测量指标的因子负荷都大于 0.5，组合信度都大于 0.8，AVE 都大于 0.5。根据 Fornell 和 Larcker 的三项标准评估原则，可以得出测量模型的各个测量指标均收敛于其对应的因子，测量模型具有较好的收敛效度。如表 4-9 所示。

表 4-9 因子负荷、组合信度和平均变异萃取量

因子	测量指标	因子负荷 λ	方差（R^2）	T 值（T-value）	组合信度（CR）	平均变异萃取量（AVE）
感知有用性（PU）	PU1	0.84	0.70	18.89	0.8989	0.69
	PU2	0.88	0.77	20.51		
	PU3	0.80	0.65	17.84		
	PU4	0.80	0.65	17.82		
感知易用性（PEOU）	PEOU1	0.87	0.76	19.94	0.8825	0.7158
	PEOU2	0.91	0.82	21.26		
	PEOU3	0.75	0.56	15.97		
态度（A）	A1	0.82	0.67	18.34	0.8835	0.6561
	A2	0.86	0.74	19.81		
	A3	0.70	0.49	14.70		
	A4	0.85	0.72	19.47		
行为意愿（BI）	BI1	0.64	0.41	12.76	0.8203	0.607
	BI2	0.85	0.72	18.85		
	BI3	0.83	0.69	18.35		
社会影响（SI）	SI1	0.73	0.53	14.80	0.8062	0.5571
	SI2	0.78	0.60	16.16		
	SI3	0.65	0.42	12.69		
	SI4	0.63	0.40	12.36		
	SI5	0.57	0.32	10.75		

续表

因子	测量指标	因子负荷 λ	方差 (R^2)	T 值 (T-value)	组合信度 (CR)	平均变异萃取量 (AVE)
自我效能（SF）	SF1	0.64	0.41	12.78	0.8683	0.5259
	SF2	0.72	0.52	15.04		
	SF3	0.82	0.67	18.08		
	SF4	0.81	0.66	17.87		
	SF5	0.69	0.47	14.05		
	SF6	0.65	0.42	13.12		
便利条件（SC）	SC1	0.82	0.68	18.32	0.88	0.5957
	SC2	0.79	0.63	17.22		
	SC3	0.77	0.60	16.60		
	SC4	0.67	0.45	13.65		
	SC5	0.80	0.63	17.34		
信任（T）	T1	0.88	0.77	20.14	0.8734	0.6979
	T2	0.87	0.76	19.86		
	T3	0.75	0.56	15.96		
服务质量（SERQ）	SERQ1	0.66	0.43	13.40	0.8718	0.58
	SERQ2	0.71	0.50	14.75		
	SERQ3	0.84	0.71	18.99		
	SERQ4	0.89	0.80	20.86		
	SERQ5	0.68	0.46	14.05		
系统质量（SQ）	SQ1	0.78	0.61	16.66	0.8636	0.6788
	SQ2	0.85	0.72	18.86		
	SQ3	0.84	0.71	18.63		
信息质量（IQ）	IQ1	0.80	0.65	16.35	0.8328	0.6242
	IQ2	0.78	0.61	16.57		
	IQ3	0.79	0.62	16.82		
感知风险（PR）	PR1	0.81	0.66	17.31	0.843	0.5754
	PR2	0.78	0.61	16.36		
	PR3	0.80	0.63	16.80		
	PR4	0.63	0.40	12.33		

注：所有的因子负荷均在 P=0.001 水平上显著。

$T_i = (T_{i-1} + \cdots + T_{i-n})/n$

$PR_i = (PR_{i-1} + \cdots + PR_{i-n})/n$

4.2.2　区分效度的测量

在区分效度的检验上，本书继续使用 Fornell 和 Larcker（1981）的研究结论，即通过比较各潜变量间完全标准化相关系数与所涉及的各潜变量的 AVE 平方根值大小来判别各潜变量间是否存在足够的区分效度。本模型中任何一个潜变量的 AVE 平方根都大于其与其他潜变量的相关系数，表明各维度间存在足够的区分效度。

表 4-10 列出了各个潜变量间的标准化相关系数，对角线为 AVE 的平方根。所有对角线上的数值都大于对应列的相关系数。因此表明本书模型中的潜变量具有较好的区分效度。

表 4-10　结构变量的区分效度

	PU	PEOU	A	BI	T	SI	SF	SC	SERQ	SQ	IQ	PR
PU	0.83											
PEOU	0.54	0.85										
A	0.79	0.60	0.81									
BI	0.68	0.51	0.77	0.78								
T	0.61	0.36	0.61	0.68	0.84							
SI	0.41	0.25	0.51	0.58	0.61	0.75						
SF	0.42	0.51	0.44	0.45	0.44	0.48	0.73					
SC	0.40	0.51	0.38	0.49	0.40	0.38	0.63	0.77				
SERQ	0.31	0.12	0.41	0.48	0.45	0.55	0.37	0.45	0.76			
SQ	0.22	0.30	0.33	0.38	0.39	0.36	0.34	0.40	0.56	0.82		
IQ	0.30	0.26	0.45	0.52	0.51	0.58	0.47	0.42	0.72	0.71	0.79	
PR	-0.25	-0.23	-0.23	-0.18	-0.17	-0.15	-0.15	-0.09	0.00	0.07	0.04	0.76

注：所有对角线数字为各个结构变量 AVE 值的平方根，其他数字为各个结构变量之间的相关系数。

4.2.3　验证性因子分析小结

本节通过使用 Lisrel 软件，用结构方程模型分析的方法对研究中的正式调查问卷数据进行了验证性因子分析，以确定各个因子与测量子项的设计是否合理，以及问卷是否具有较好的区分效度和收敛效度。

本节通过检验分析，证明本书问卷具有较好的区分效度和收敛效度，可以用于下面的结构方程模型分析。

4.3 信度检验

信度检验用来检验结果的一致性，问卷信度越高，说明结果越可信。在本节的研究中，我们采用 Cronbach's α 系数来评价调查问卷的信度。通过使用 SPSS 计算正式调查问卷中各个变量的 Cronbach's α 系数，如表 4-11 所示。本书正式调查问卷数据的各个变量的 Cronbach's α 系数都大于 0.8，并且所有变量的单一指标删除情况下的 Cronbach's α 值都小于或等于原 Cronbach's α 值。以上分析说明本书的调查问卷具有很好的信度。

表 4-11 测量指标的均值、标准差和问卷信度

因子（变量）（Factor）	测量项目数	指标（Items）	均值（Means）	标准差（S.D.）	指标删除情况下的 Cronbach's α（Cronbach's α if Item Deleted）	Cronbach's α
感知有用性（PU）	4	PU1	4.04	0.778	0.864	0.899
		PU2	3.93	0.827	0.855	
		PU3	3.93	0.796	0.877	
		PU4	4.00	0.796	0.881	
感知易用性（PEOU）	3	PEOU1	3.89	0.841	0.819	0.879
		PEOU2	3.76	0.889	0.872	
		PEOU3	3.69	0.924	0.879	
使用态度（A）	4	A1	3.99	0.837	0.848	0.881
		A2	3.88	0.885	0.826	
		A3	3.57	0.863	0.880	
		A4	3.89	0.806	0.830	

续表

因子（变量）（Factor）	测量项目数	指标（Items）	均值（Means）	标准差（S.D.）	指标删除情况下的 Cronbach's α（Cronbach's α if Item Deleted）	Cronbach's α
行为意愿（BI）	3	BI1	3.99	0.990	0.801	0.802
		BI2	3.51	0.991	0.608	
		BI3	3.44	1.028	0.667	
社会影响（SI）	5	SI1	2.88	0.914	0.749	0.801
		SI2	2.91	0.882	0.737	
		SI3	3.31	0.867	0.766	
		SI4	3.52	0.800	0.771	
		SI5	2.97	0.877	0.790	
自我效能（SF）	6	SF1	3.66	0.837	0.857	0.861
		SF2	3.51	0.824	0.834	
		SF3	3.54	0.804	0.819	
		SF4	3.57	0.772	0.821	
		SF5	3.51	0.824	0.843	
		SF6	3.53	0.856	0.851	
便利条件（SC）	5	SC1	3.54	0.794	0.843	0.879
		SC2	3.55	0.823	0.849	
		SC3	3.53	0.789	0.853	
		SC4	3.60	0.784	0.873	
		SC5	3.54	0.813	0.845	
信任（T）	3	T1	3.40	0.873	0.812	0.873
		T2	3.22	0.874	0.784	
		T3	3.09	0.884	0.864	
服务质量（SERQ）	5	SERQ1	3.22	0.673	0.849	0.863
		SERQ2	3.41	0.783	0.840	
		SERQ3	3.20	0.731	0.809	
		SERQ4	3.27	0.670	0.806	
		SERQ5	3.21	0.780	0.863	

续表

因子（变量）（Factor）	测量项目数	指标（Items）	均值（Means）	标准差（S.D.）	指标删除情况下的 Cronbach's α（Cronbach's α if Item Deleted）	Cronbach's α
系统质量（SQ）	3	SQ1	3.41	0.806	0.832	0.864
		SQ2	3.43	0.841	0.792	
		SQ3	3.39	0.851	0.802	
信息质量（IQ）	3	IQ1	3.28	0.624	0.753	0.826
		IQ2	3.27	0.723	0.727	
		IQ3	3.13	0.802	0.804	
感知风险（PR）	4	PR1	1.29	0.793	0.783	0.838
		PR2	1.52	0.887	0.788	
		PR3	1.34	0.886	0.773	
		PR4	1.32	0.922	0.837	

4.4 二阶因子分析

本书根据分析和比较以往学术界关于电子服务质量的研究，并结合本书的研究目的，将电子服务质量划分为服务质量、系统质量和信息质量 3 个方面进行研究。如第 3 章中对变量的描述，本书关于对服务质量的测量包括可及性、礼貌性、响应性、可靠性和安全性 5 个维度；将电子服务的系统质量划分为多媒体质量、搜索质量和响应速度质量进行测量；将信息质量划分为及时、准确和安全 3 个维度进行测量。本节研究将使用 Lisrel 分别对电子服务的服务质量、系统质量和信息质量进行二阶因子分析，以研究其与测量维度的拟合度，以及二阶因子分析模型与数据的拟合度。

4.4.1 服务质量二阶因子分析

在本书中将服务质量变量划分为可及性、礼貌性、响应性、可靠性和安全性 5 个维度进行测量。本小节通过使用二阶因子分析的方法，使用 Lisrel 软件将这 5 个维度作为一阶因子对作为二阶因子的服务质量进行拟合分析。分析结果表明 5 类服务属性质量维度与服务质量二阶因子之间的相关系数都是显著的，二阶因子分析模型与数据的拟合度是可以接受的。表明可及性、礼貌性、响应性、可靠性和安全性 5 个服务质量属性是服务质量的 5 个一阶因子。服务质量二阶因子分析结果如表 4-12 和图 4-1 所示。图 4-1 变量含义同表 4-12。

表 4-12　服务质量二阶因子分析结果

二阶因子	一阶因子	标准化相关系数	T 值
服务质量（SERQ）	服务可及性（SERA）	0.70	9.74
	服务礼貌性（SERC）	0.73	13.25
	服务响应性（SERRS）	0.92	17.60
	服务可靠性（SERRL）	0.94	17.87
	服务安全性（SERS）	0.72	12.77
模型拟合程度指标	建议值	模型指标值	拟合程度
自由度（df）	-	147	-
卡方值 χ^2	-	486.02	-
χ^2/df	$2<\chi^2/df<5$	3.31	理想
规范的拟合指数（NFI）	>0.9	0.96	理想
不规范的拟合指数（NNFI）	>0.9	0.97	理想
比较拟合指数（CFI）	>0.9	0.97	理想
增量拟合指数（IFI）	>0.9	0.96	理想
相对拟合指数（RFI）	>0.9	0.96	理想
拟合拟合优度指数（GFI）	>0.8	0.87	理想
调整后拟合优度指数（AGFI）	>0.8	0.84	理想
均方根残差（RMR）	<0.8	0.052	理想
近似均方根残差（RMSEA）	<0.1	0.081	理想

4.4.2　系统质量二阶因子分析

在本书中将系统质量变量划分为多媒体质量、搜索质量和响应速度质量进行测量。本小节通过使用二阶因子分析的方法，使用 Lisrel 软件将这 3 个维度作为一阶因子对作为二阶因子的系统质量进行拟合分析。分析结果表明 3 类网站 /APP 质量属性维度与系统质量二阶因子之间的相关系数都是显著的，二阶因子分析模型与数据的拟合度是可以接受的。表明多媒体质量、搜索质量和响应速度质量属性是系统质量的 3 个一阶因子。系统质量二阶因子分析结果如表 4-13 和图 4-2 所示。图 4-2 变量含义同表 4-13。

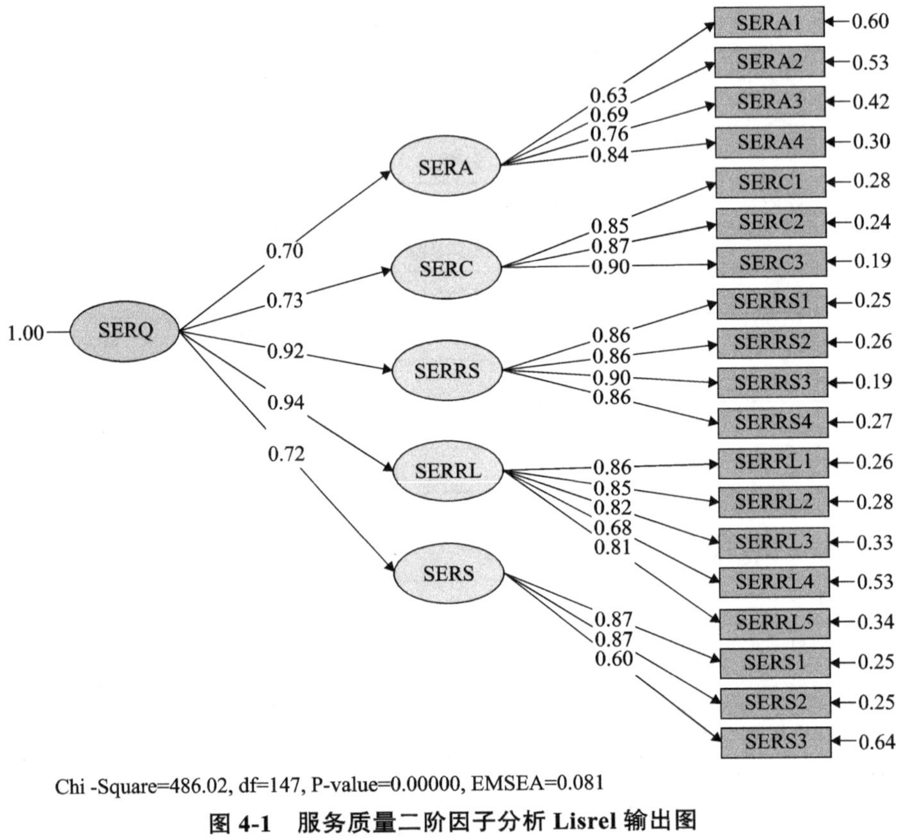

图 4-1　服务质量二阶因子分析 Lisrel 输出图

表 4-13　系统质量二阶因子分析结果

二阶因子	一阶因子	标准化相关系数	T 值
系统质量（SQ）	多媒体质量（SQM）	0.73	12.30
	搜索质量（SQS）	0.88	13.10
	网站响应性（SQR）	0.67	11.02

续表

二阶因子	一阶因子	标准化相关系数	T 值
模型拟合程度指标	建议值	模型指标值	拟合程度
自由度（df）	-	87	-
卡方值 χ^2	-	285.03	-
χ^2/df	$2<\chi^2/df<5$	3.27	理想
规范的拟合指数（NFI）	>0.9	0.97	理想
不规范的拟合指数（NNFI）	>0.9	0.98	理想
比较拟合指数（CFI）	>0.9	0.98	理想
增量拟合指数（IFI）	>0.9	0.98	理想
相对拟合指数（RFI）	>0.9	0.96	理想
拟合拟合优度指数（GFI）	>0.8	0.91	理想
调整后拟合优度指数（AGFI）	>0.8	0.87	理想
均方根残差（RMR）	<0.8	0.038	理想
近似均方根残差（RMSEA）	<0.1	0.079	理想

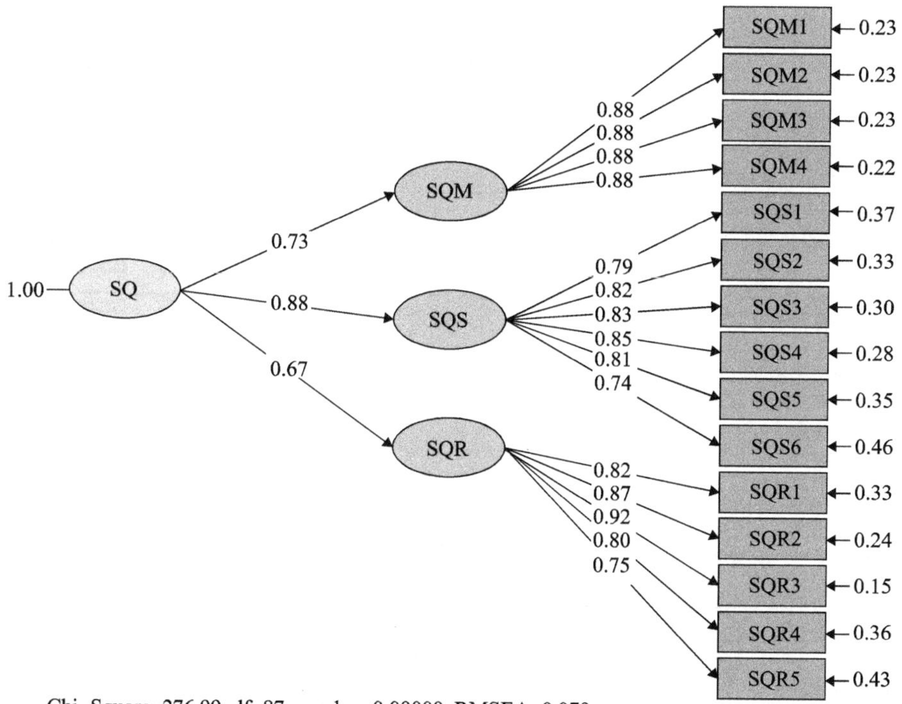

Chi -Square=276.99, df=87, p-value=0.00000, RMSEA=0.079

图 4-2　系统质量二阶因子分析 Lisrel 输出图

4.4.3 信息质量二阶因子分析

在本书中将信息质量变量划分为及时性、准确性和安全性 3 个维度进行测量。本小节通过使用二阶因子分析的方法，使用 Lisrel 软件将这 3 个维度作为一阶因子对作为二阶因子的信息质量进行拟合分析。分析结果表明 3 类网站 /APP 质量属性维度与系统质量二阶因子之间的相关系数都是显著的，二阶因子分析模型与数据的拟合度是可以接受的。表明信息及时性、准确性和安全性是信息质量的 3 个一阶因子。信息质量二阶因子分析结果如表 4-14 和图 4-3 所示。图 4-3 变量含义同表 4-14。

表 4-14 信息质量二阶因子分析结果

二阶因子	一阶因子	标准化相关系数	T 值
信息质量（IQ）	信息及时性（IQ1）	0.87	12.79
	信息准确性（IQ2）	0.91	15.22
	信息安全性（IQ3）	0.74	13.55
模型拟合程度指标	建议值	模型指标值	拟合程度
自由度（df）	-	51	-
卡方值 χ^2	-	253.25	-
χ^2/df	$2<\chi^2/df<5$	4.97	理想
规范的拟合指数（NFI）	>0.9	0.96	理想
不规范的拟合指数（NNFI）	>0.9	0.96	理想
比较拟合指数（CFI）	>0.9	0.97	理想
增量拟合指数（IFI）	>0.9	0.97	理想
相对拟合指数（RFI）	>0.9	0.95	理想
拟合拟合优度指数（GFI）	>0.8	0.89	理想
调整后拟合优度指数（AGFI）	>0.8	0.83	理想
均方根残差（RMR）	<0.8	0.043	理想
近似均方根残差（RMSEA）	<0.1	0.079	理想

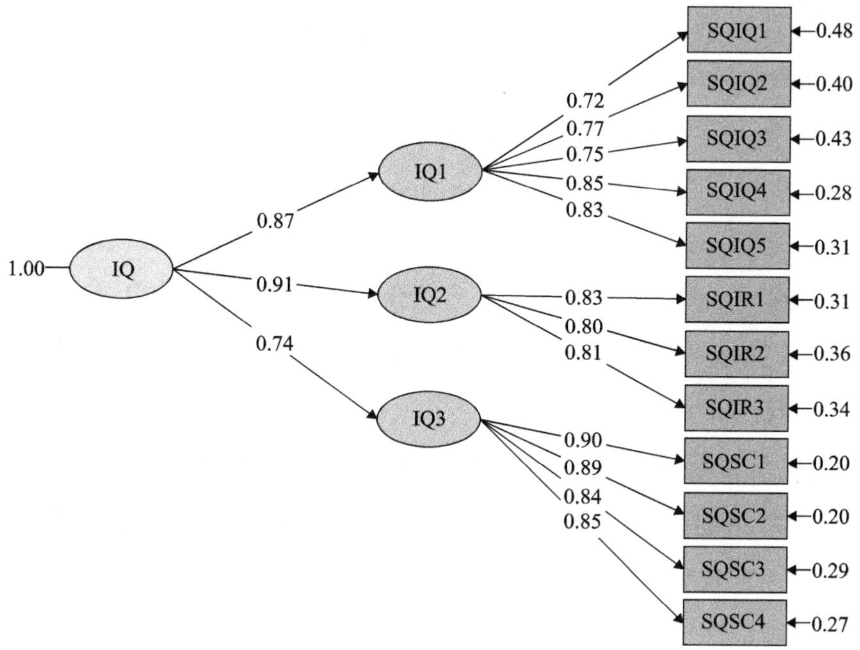

图 4-3 信息质量二阶因子分析 Lisrel 输出图

4.5 电子服务用户使用模型的结构方程模型分析

4.5.1 结构方程模型导论

结构方程模型（Structure Equation Model，SEM）是瑞典统计学家 Karl G. Joreskog 在 20 世纪 70 年代研究出的线性统计建模技术。“结构方程模型是通过综合使用路径分析、验证性因子分析和多元回归分析的方法形成的一种统计数据分析工具，用来解释一个或多个自变量与一个或多个因变量之间的关系”（侯杰泰等，2004）。结构方程模型分析的思想起源于 20 世纪 20 年代的 Swell Wright 所提出的路径分析思想，是通过使用变量的协方差矩阵对变量之间的关系进行分析的统计方法，也被研究者称为协方差结构分析。

结构方程模型中的变量包括潜变量（Latent Variable）和可观测变量（Manifest Variable）。潜变量是无法被直接观测到的，只能通过使用可观测变量进行间接的度量。结构方程中潜变量根据在模型中的因果关系，又可以被分为外生潜变量（Exogenous Latent Variables）和内生潜变量（Endogenous Latent Variable）。其中外生潜变量在结构方程模型中不受其他变量的影响，即没有前因变量，并且作为内生潜变量的前因变量而存在，相当于回归分析中的自变量；内生潜变量是指在模型中受其他变量的影响，相当于回归分析中的因变量。

结构方程模型包含测量模型（Measurement Model）和结构模型（Stucture Model）两部分。其中结构方程是用来描述可观测变量和潜变量之间关系的，是表明每个潜变量是由哪些可观测变量所度量的，单纯的测量模型就是验证性因子分析。结构模型是用来表达潜变量之间关系的，主要用来反映研究所提出的研究假设。

在应用结构方程模型的研究中，首先要对测量模型的有效性进行判断，评估研究中的观测变量能否真实地度量出相应的潜变量。如果可观测变量与潜变量之间的设计不可靠，即测量模型存在问题，也就是潜变量的有效测量不可行，在此情况下结构模型所得出的结果也是无效的。因此在使用结构方程模型进行实证分析时，需要先对测量模型进行评估，再进行结构模型的分析。结构方程的分析过程主要有 5 个步骤。

①模型设定（Model Specification）。是在模型评估之前，根据理论分析和前人研究的成果建立理论初始模型。初始模型设计可观测变量和潜变量的关系，也设计各个变量之间的关系，形成结构方程的两个方程组。

②模型识别（Model Indentification）。是判断模型能否对需要估计的参数求解的步骤。当结构方程组中待求解的系数很多，而方程数目不能满足要求时，模型便无法被识别，即无法得到参数的唯一估计值。

③模型评估（Model Estimation）。是指通过使用最大似然估计法或者广

义最小二乘法对所建立的模型进行统计估计。

④模型评价（Model Evaluation）。是考察模型能否充分地对样本数据进行解释的步骤。模型评价的过程是一个复杂的过程，整个过程需要进行多种检验，既要对测量模型和结构模型进行检验，又要对整个模型的拟合度进行评估。

⑤模型修正（Model Modification）。如果在模型评价中发现模型的拟合程度不理想，就需要对模型进行修正。在模型修正的过程中仍然要以理论为指导，保证模型的合理性。

4.5.2　测量模型分析

本书使用 Lisrel 对正式调查收集的数据进行测量模型的分析，得出各个变量的测量指标的因子负荷以及显著性检验值（T 值），如表 4-15 所示。表 4-15 中显示，各个变量的测量指标的因子负荷都大于 0.6，并且 T 值都大于 2，满足显著性要求。本书根据测量模型的拟合指数用以衡量测量模型的拟合度，表 4-16 列出测量模型的主要拟合指标。本节通过使用 Lisrel 对数据进行测量模型分析，得出测量模型输出图，如图 4-4 所示。图 4-4 中变量含义同表 4-15。

表 4-15　测量指标因子负荷及显著性检验

因子	测量指标	因子负荷 λ	方差（R^2）	T 值（T-value）
感知有用性（PU）	PU1	0.84	0.70	18.89
	PU2	0.88	0.77	20.51
	PU3	0.80	0.65	17.84
	PU4	0.80	0.65	17.82
感知易用性（PEOU）	PEOU1	0.87	0.76	19.94
	PEOU2	0.91	0.82	21.26
	PEOU3	0.75	0.56	15.97
使用态度（A）	A1	0.82	0.67	18.34

续表

因子	测量指标	因子负荷 λ	方差（R^2）	T 值（T-value）
使用态度（A）	A2	0.86	0.74	19.81
	A3	0.70	0.49	14.70
	A4	0.85	0.72	19.47
行为意愿（BI）	BI1	0.64	0.41	12.76
	BI2	0.85	0.72	18.85
	BI3	0.83	0.69	18.35
社会影响（SI）	SI1	0.73	0.53	14.80
	SI2	0.78	0.60	16.16
	SI3	0.65	0.42	12.69
	SI4	0.63	0.40	12.36
	SI5	0.57	0.32	10.75
自我效能（SF）	SF1	0.64	0.41	12.78
	SF2	0.72	0.52	15.04
	SF3	0.82	0.67	18.08
	SF4	0.81	0.66	17.87
	SF5	0.69	0.47	14.05
	SF6	0.65	0.42	13.12
便利条件（SC）	SC1	0.82	0.68	18.32
	SC2	0.79	0.63	17.22
	SC3	0.77	0.60	16.60
	SC4	0.67	0.45	13.65
	SC5	0.80	0.63	17.34
信任（T）	T1	0.88	0.77	20.14
	T2	0.87	0.76	19.86
	T3	0.75	0.56	15.96
服务质量（SERQ）	SERQ1	0.66	0.43	13.40
	SERQ2	0.71	0.50	14.75
	SERQ3	0.84	0.71	18.99
	SERQ4	0.89	0.80	20.86
	SERQ5	0.68	0.46	14.05

续表

因子	测量指标	因子负荷 λ	方差（R^2）	T 值（T-value）
系统质量（SQ）	SQ1	0.78	0.61	16.66
	SQ2	0.85	0.72	18.86
	SQ3	0.84	0.71	18.63
信息质量（IQ）	IQ1	0.80	0.65	16.35
	IQ2	0.78	0.61	16.57
	IQ3	0.79	0.62	16.82
感知风险（PR）	PR1	0.81	0.66	17.31
	PR2	0.78	0.61	16.36
	PR3	0.80	0.63	16.80
	PR4	0.63	0.40	12.33

关于拟合指标的分析，其中根据美国社会统计学家 Carmines 和 Mclver 研究，卡方值和自由度之比介于 2:1 ～ 3:1，模型与数据的拟合程度才可以被接受（Carmines 和 Mclver，1981）。P 值要求大于 0.1。学术界在模型拟合度时，认为为了摆脱样本量的影响，可以使用规范的拟合指数（NFI）、不规范的拟合指数（NNFI）、比较拟合指数（CFI）、增量拟合指数（IFI）、相对拟合指数（RFI）、均方根残差（RMR）、近似均方根残差（RMSEA）等指标。其中学术界普遍认可的是 NFI、NNFI、CFI、IFI、RFI 应大于 0.9，RMR 值要小于 0.05，RMSEA 值要小于 0.05，说明模型与数据的拟合程度很好（Hair、Anderson、Tatham 和 Black，1998）。如果 RMR 和 RMSEA 值介于 0.05 ～ 0.08，说明模型与数据的拟合程度是可以接受的。

本书验证性因子分析所得测量模型指标值如表 4-16 所示，其中 χ^2/df 为 2.88，NFI、NNFI、CFI、IFI、RFI 都大于 0.9，RMSEA 为 0.073，RMR 为 0.067，表明此测量模型与数据的拟合程度可以接受。研究可以使用此测量模型所设计的变量构造进行结构模型的分析。

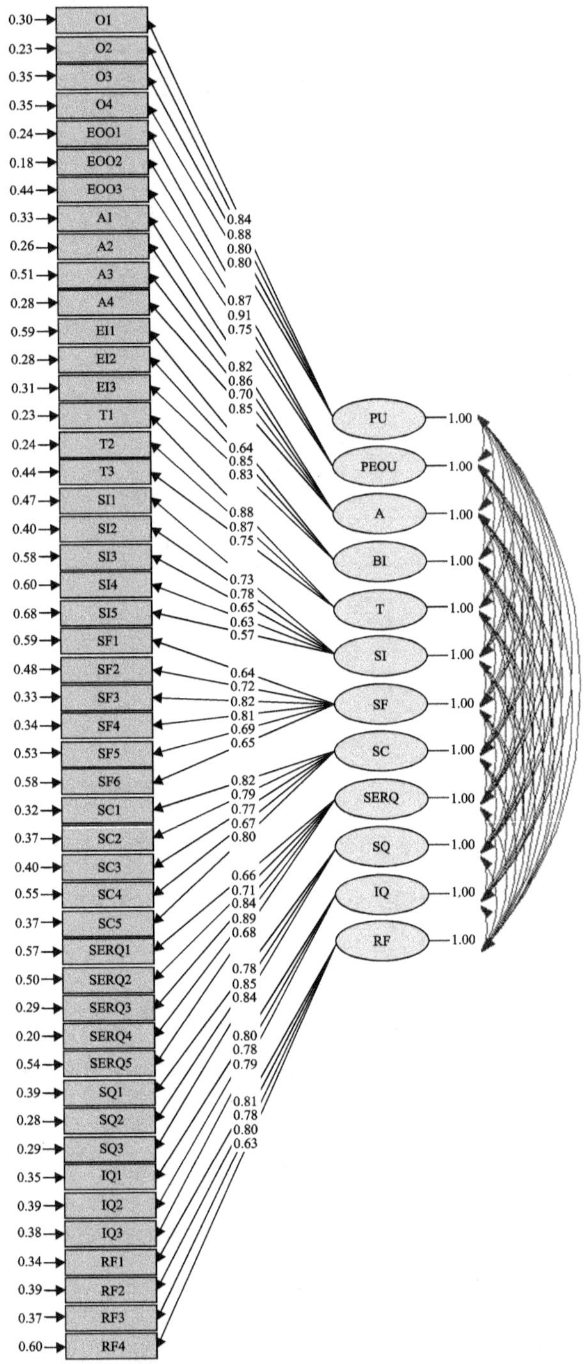

Chi -Square=2921.62, df=1014, P-value=0.00000, RMSEA=0.073

图 4-4　测量模型 Lisrel 输出图

表 4-16　测量模型拟合指标

衡量拟合程度指标	指标值
自由度（df）	1014
卡方值 χ^2	2921.62
χ^2/df	2.88
P 值	0.00
规范的拟合指数（NFI）	0.92
不规范的拟合指数（NNFI）	0.94
比较拟合指数（CFI）	0.95
增量拟合指数（IFI）	0.95
相对拟合指数（RFI）	0.92
均方根残差（RMR）	0.067
近似均方根残差（RMSEA）	0.073

4.5.3　结构模型分析

通过本章前面几节对数据的效度检验和信度检验，表明本书使用的正式调查问卷数据具有很好的信度和效度。上一节对测量模型拟合的分析表明该样本数据和模型具有较好的拟合度，可以用来对结构方程模型进行分析。

本节研究中，我们使用 Lisrel 对正式调查收集到问卷数据进行结构模型分析，以获取本书所提出的理论模型中研究假设进行路径分析，并检验所提出模型的拟合度。并对初始模型进行评价，通过进一步的理论梳理对模型进行修正、检验。

4.5.3.1　路径分析结果

本节通过使用 Lisrel 软件的极大似然估计程度，对理论模型进行检验得出路径分析的结果，用于判断假设的支持情况，如表 4-17 所示。可以看出，除假设 H8、H13、H15、H17、H18、H19、H25、H26 之外，其他的假设都得到了支持。根据路径分析结果对假设的检验，与感知风险变量和自我效能变量相关的假设没有被支持的居多。

表 4-17　研究假设的验证

研究假设	完全标准化参数估计值	T 值	结论
H1 态度正向影响行为意愿	0.50	7.79	支持
H2 感知有用性正向影响态度	0.70	12.88	支持
H3 感知易用性正向影响态度	0.26	6.01	支持
H4 社会影响正向影响行为意愿	0.19	2.67	支持
H5 社会影响正向影响感知有用性	0.43	5.22	支持
H6 社会影响正向影响感知易用性	0.18	2.30	支持
H7 社会影响正向影响信任感	0.56	8.74	支持
H8 社会影响负向影响感知风险	-0.11	-1.45	拒绝
H9 便利条件正向影响行为意愿	0.18	2.93	支持
H10 便利条件正向影响感知有用性	0.19	2.42	支持
H11 便利条件正向影响感知易用性	0.35	4.66	支持
H12 便利条件正向影响信任感	0.13	1.96	支持
H13 便利条件负向影响感知风险	0.022	0.26	拒绝
H14 信任感正向影响行为意愿	0.24	3.63	支持
H15 感知风险负向影响行为意愿	0.023	0.054	拒绝
H16 态度负向影响感知风险	-0.24	-3.9	支持
H17 感知风险负向影响信任感	-0.058	-1.16	拒绝
H18 服务质量正向影响感知有用性	-0.0081	-0.0092	拒绝
H19 系统质量正向影响感知有用性	0.023	0.27	拒绝
H20 信息质量正向影响感知有用性	0.39	3.57	支持
H21 服务质量正向影响感知易用性	0.33	3.83	支持
H22 系统质量正向影响感知易用性	0.22	2.62	支持
H23 信息质量正向影响感知易用性	0.10	2.02	支持
H24 自我效能正向影响感知易用性	0.28	3.57	支持
H25 自我效能正向影响信任感	0.085	1.17	拒绝
H26 自我效能负向影响感知风险	-0.11	-1.26	拒绝

4.5.3.2 结构模型拟合度分析

本节通过使用 Lisrel 软件的极大似然估计程度，对理论模型进行检验得出结构模型的拟合指标，用于判断假结构模型的拟合情况，如表 4-18 所示。可见结构模型的拟合度比较理想。

表 4-18 结构模型拟合指数

衡量拟合程度指标	指标值
自由度（df）	1038
卡方值 χ^2	3105.64
χ^2/df	2.99
P 值	0.00
规范的拟合指数（NFI）	0.92
不规范的拟合指数（NNFI）	0.94
比较拟合指数（CFI）	0.94
增量拟合指数（IFI）	0.94
相对拟合指数（RFI）	0.91
均方根残差（RMR）	0.082
近似均方根残差（RMSEA）	0.075

4.5.3.3 结构方程模型的修正

根据表 4-17 所显示的使用 Lisrel 对问卷数据做结构模型分析所得的路径分析结果和显著性检验值，可以看出部分假设被拒绝，其他的假设都被证实是支持的。

在文献研究中，关于感知风险存在的研究很多（Bobbitt 和 Dabholkar，2001；Laroche、McDougall、Bergeron 和 Yang，2004），但是缺少感知风险对用户行为的影响研究，并存在一定分歧。在本书的初期假设中，假定感知风险会影响用户对电子服务的使用意愿。Lee 认为感知风险会负向影响用户的行为意愿（Lee，2009），Forsythe 和 Shi 发现没有经验的用户更容易被感知风险所影响。但是由于本书中所选取的调查对象都具有一定的电子服务使用经验，以及测量模型路径分析中的显著性结果，本书在修正模型中去掉感知风险变量的影响。

根据表 4-17 的结论以及对模型中假设的理论分析，本书对模型进行修正，删除不显著的路径以及删除感知风险变量，再对结构方程模型进行运算。进而得出修正模型的路径分析结果，如表 4-19 所示，以及模型拟合指数指标，如表 4-20 所示。

表 4-19 修正模型路径系数和 T 值

研究假设	模型路径	路径系数	T 值
H1 态度正向影响行为意愿	态度→行为意愿	0.49	7.64
H14 信任感正向影响行为意愿	信任感→行为意愿	0.24	3.55
H4 社会影响正向影响行为意愿	社会影响→行为意愿	0.18	2.46
H9 便利条件正向影响行为意愿	便利条件→行为意愿	0.14	2.75
H2 感知有用性正向影响态度	感知有用性→态度	0.70	12.93
H3 感知易用性正向影响态度	感知易用性→态度	0.27	6.07
H5 社会影响正向影响感知有用性	社会影响→感知有用性	0.48	6.15
H6 社会影响正向影响感知易用性	社会影响→感知易用性	0.19	2.44
H7 社会影响正向影响信任感	社会影响→信任感	0.60	9.97
H24 自我效能正向影响感知易用性	自我效能→感知易用性	0.24	3.07
H10 便利条件正向影响感知有用性	便利条件→感知有用性	0.27	4.56
H11 便利条件正向影响感知易用性	便利条件→感知易用性	0.38	4.97
H12 便利条件正向影响信任感	便利条件→信任感	0.18	3.28
H21 服务质量正向影响感知易用性	服务质量→感知易用性	0.34	3.91
H22 系统质量正向影响感知易用性	系统质量→感知易用性	0.21	2.53
H20 信息质量正向影响感知有用性	信息质量→感知有用性	0.38	3.67
H23 信息质量正向影响感知易用性	信息质量→感知易用性	0.12	2.13

表 4-20 修正模型拟合指数

衡量拟合程度指标	指标值
自由度（df）	870

续表

衡量拟合程度指标	指标值
卡方值 χ^2	2792.98
χ^2/df	3.21
规范的拟合指数（NFI）	0.93
不规范的拟合指数（NNFI）	0.94
比较拟合指数（CFI）	0.95
增量拟合指数（IFI）	0.95
相对拟合指数（RFI）	0.92
均方根残差（RMR）	0.083
近似均方根残差（RMSEA）	0.077

修正模型所得的路径系数全部达到显著性水平，并且与原模型中的路径系数几乎相同。修正模型的拟合指数除 RMR 略高于原模型外，其他指标都优于原模型或相等。

本节通过使用 Lisrel8.70 对理论模型的修正模型进行统计分析，得出模型中内生潜变量的解释度，由此表明，用户对电子服务的接受行为意愿有 69% 都得到了解释，说明模型具有很好的解释力。此外作为对用户对电子服务的个人感知因素的前因分析，感知有用性、感知易用性和顾客信任感都被模型很好地解释，方差分别达到了 34%，40% 和 48%，如表 4-21 所示。

表 4-21 模型对内生变量的解释程度（R^2）

变量	BI	A	PU	PEOU	T	RF
R^2	0.69	0.66	0.34	0.40	0.48	0.033

本节通过对原理论模型的修正，得到本书所提出的互联网情境下用户对电子服务接受使用行为模型，如图 4-5 所示。研究通过使用 LISREL 软件对修正后模型进行结构方程模型分析，得出路径分析结果、模型拟合指数和内生变量解释度。电子服务用户使用行为模型的 Lisrel 输出图如图 4-6 所

示。图 4-6 中变量含义同表 4-15。

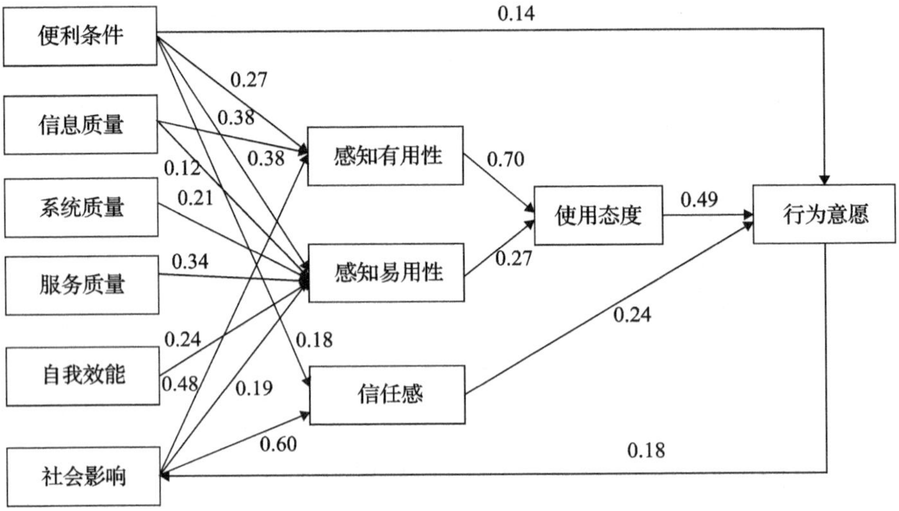

图 4-5 电子服务的用户使用行为模型图

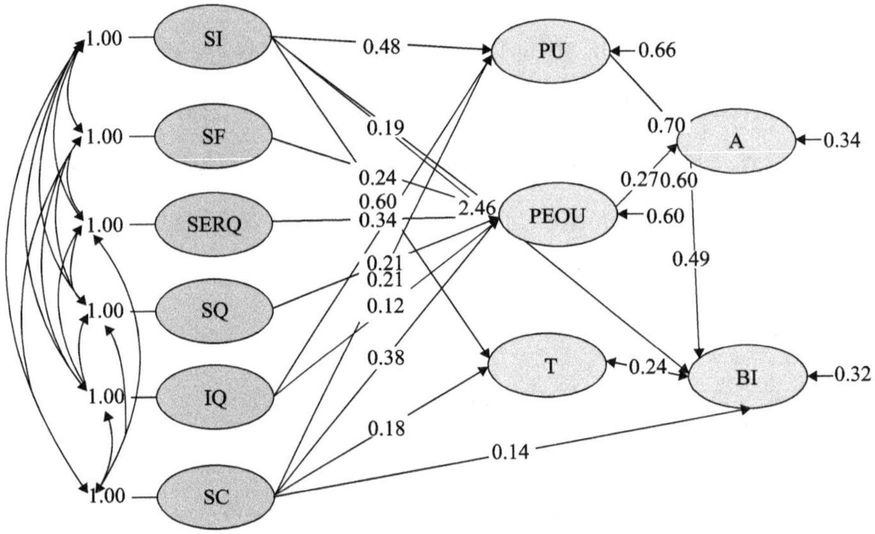

图 4-6 Lisrel 修正模型结构模型输出图

4.5.4 变量间效应关系分析

结构方程模型中变量之间的影响关系有直接影响效应和间接影响效应。

直接影响效应是结构方程模型中原因变量对结果变量的直接影响，通过使用原因变量到结果变量的路径系数去衡量。当直接效应的路径系数显著时，说明两个变量之间的直接影响关系存在。间接影响效应是原因变量通过一个或多个中介变量对结果变量产生的影响，间接影响效应是从原因变量到结果变量的各条路径的路径系数乘积之和。在间接影响效应中，当各条路径系数都达到显著，则说明变量之间具有显著的间接因果关系。原因变量对结果变量的总效应是原因变量对结果变量的直接影响效应和间接影响效应之和。

本书有两个研究重点：一是研究影响用户对电子服务使用行为意愿的因素；二是探索研究影响用户感知因素的前因因素，并探讨前因因素对用户感知的影响。在本书中，电子服务的信息质量、服务质量、系统质量作为前因变量对用户的感知因素有直接影响，对用户行为意愿有间接的影响；社会影响、便利条件作为前因变量，通过对用户感知因素有直接影响，产生对行为意愿有间接影响。同时社会影响、便利条件又对行为意愿变量有直接影响，形成由直接影响效应和间接影响效应共同决定的总影响效应；信任感变量和态度变量对行为意愿变量产生直接影响效应，并作为中间变量传递前因变量对行为意愿的间接影响效应，如表 4-22、表 4-23、表 4-24 所示。

表 4-22　变量之间直接影响效应

潜变量		内生潜变量					
		感知有用性	感知易用性	态度	信任感	感知风险	行为意愿
外生潜变量	社会影响	0.48	0.19		0.60		0.18
	便利条件	0.27	0.38		0.18		0.14
	自我效能		0.24				
	信息质量	0.38	0.12				
	系统质量		0.21				
	服务质量		0.34				

续表

潜变量		内生潜变量					
		感知有用性	感知易用性	态度	信任感	感知风险	行为意愿
内生潜变量	感知有用性			0.70			
	感知易用性			0.27			
	态度						0.49
	信任感						0.24
	感知风险						

表 4-23 变量之间间接影响效应

潜变量		内生潜变量					
		感知有用性	感知易用性	态度	信任感	感知风险	行为意愿
外生潜变量	社会影响			0.3873			0.3337
	便利条件			0.2916			0.1861
	自我效能			0.0684			0.0335
	信息质量			0.2984			0.1462
	系统质量			0.0567			0.0278
	服务质量			0.0918			0.045
内生潜变量	感知有用性						0.343
	感知易用性						0.13.23
	态度						
	信任感						
	感知风险						

表 4-24 变量之间总影响效应

潜变量		内生潜变量					
		感知有用性	感知易用性	态度	信任感	感知风险	行为意愿
外生潜变量	社会影响			0.3873			0.5137
	变量条件			0.2916			0.3261
	自我效能			0.0684			0.0335
	信息质量			0.2984			0.1462
	系统质量			0.0567			0.0278
	服务质量			0.0918			0.045

续表

潜变量		内生潜变量					
		感知有用性	感知易用性	态度	信任感	感知风险	行为意愿
内生潜变量	感知有用性						0.343
	感知易用性						0.13.23
	态度						0.49
	信任感						0.24
	感知风险						

4.5.5　结构方程模型分析小结

本节通过使用 Lisrel 软件对研究提出的理论模型进行了测量模型分析、结构模型分析和修正模型的分析。

测量模型中所有变量的因子载荷都大于 0.5，并且满足显著性检验的要求。测量模型的拟合指数满足学术界公认的拟合指标标准，测量模型具有很好的模型拟合度。通过测量模型的分析，说明测量模型与数据的拟合程度可以接受。研究可以使用此测量模型所设计的变量构造进行结构模型的分析。

结构模型分析是通过对模型中变量之间影响关系作路径分析和模型拟合指数分析，判断模型拟合度。从对结构模型测量的路径分析中，可以得出假设的支持情况。

（1）用户对电子服务的态度及使用意愿具有正向的显著影响，支持假设 H1。

（2）用户的信任感会对使用电子服务的意愿具有正向的显著影响，支持假设 H14。

（3）用户在使用电子服务时所受到的社会影响会对使用意愿具有正向的显著影响，支持假设 H4。

（4）用户在使用电子服务时所能获得的便利条件会对使用意愿具有正

向的显著影响，支持假设 H9。

（5）用户在使用电子服务时所产生的感知风险对其使用意愿并没有显著的影响，拒绝假设 H15。

（6）用户对电子服务的感知有用性会正向影响其对电子服务的态度，支持假设 H2。

（7）用户对电子服务的感知易用性会正向影响其对电子服务的使用态度，支持假设 H3。

（8）用户在使用电子服务时所受到的社会影响会对其关于电子服务的感知有用性、感知易用性、信任感都有正向的显著影响，支持假设 H5、H6、H7。

（9）用户在使用电子服务时所受到的社会影响对其关于电子服务的感知风险没有显著影响，拒绝假设 H8。

（10）用户在使用电子服务时所能获得的便利条件对其关于电子服务的感知有用性、感知易用性、信任感都有正向的显著影响，支持假设 H10、H11、H12。

（11）用户在使用电子服务时所能获得的便利条件对其关于电子服务感知风险没有显著影响，拒绝假设 H13。

（12）用户在使用电子服务时所具有的自我效能对其关于电子服务的感知易用性具有正向的显著影响，支持假设 H24。

（13）用户在使用电子服务时所具有的自我效能对其关于电子服务的信任感和感知风险没有显著的影响，拒绝假设 H25、H26。

（14）电子服务的信息质量、服务质量、系统质量会对用户关于电子服务的感知易用性具有正向的影响，支持假设 H23、H21、H22。

（15）电子服务的信息质量会对用户关于电子服务的感知有用性具有正向的影响，支持假设 H20。

（16）电子服务的服务质量、系统质量对用户关于电子服务的感知有用性没有显著的影响，拒绝假设 H18、H19。

结构模型的拟合指数显示其符合学术界对模型拟合指标的要求，说明结构模型具有较好的模型拟合度。

修正模型是通过删除结构模型路径分析中不予支持的假设，通过理论的重新梳理分析而得到的。在修正模型中，所有的路径系数都显著，并具有比原模型优越的拟合指数。修正模型中对行为意愿变量的解释达到 69%，对其他个人感知因素的解释也超过了 30%，说明模型具有较强的解释力。

在结构方程模型变量影响关系的分析中，本书分类列出了变量之间的直接影响效应、间接影响效应和总影响效应。在本书中，电子服务的信息质量、服务质量、系统质量作为前因变量对用户的个人感知因素有直接影响，对用户行为意愿有间接的影响；社会影响、便利条件作为前因变量，通过对用户感知因素有直接影响，产生对行为意愿的间接影响。同时社会影响、便利条件又对行为意愿变量有直接影响，形成由直接影响效应和间接影响效应共同决定的总影响效应；信任感变量和态度变量对行为意愿变量产生直接影响效应，并作为中间变量传递前因变量对行为意愿的间接影响效应。

4.6 本章小结

本章通过对前期测量数据进行探索性因子分析，通过使用正式调查的问卷数据进行验证性因子分析，对问卷数据进行信度和效度检验，检验结果表明问卷具有较好的结构效度、区分效度和收敛效度。本章通过对正式调查数据使用 SPSS 计算出 Cronbach’s α，表明该数据具有较好的信度适合用于下面的结构方程分析。

本章通过使用二阶因子分析法对信息质量、服务质量和系统质量 3 个变量进行二阶因子分析，以检验其与测量维度的拟合程度。通过使用 Lisrel

软件对信息质量、服务质量和系统质量的二阶因子模型进行分析，结果显示测量维度与变量二阶因子之间的相关系数都是显著的，二阶因子分析模型与数据的拟合度是可以接受的。结果表明对于服务质量的测量包括礼貌性、可及性、响应性、可靠性和安全性 5 个维度；将电子服务的系统质量划分为多媒体质量、搜索质量和响应速度质量进行测量；将信息质量划分为及时性、准确性和安全性 3 个维度进行测量具有可行性和科学性。

本章通过对电子服务用户使用行为的理论模型用结构方程模型的方法进行分析，研究表明：①提出的理论模型的测量模型具有较好的数据与模型拟合度，适用于结构模型的分析；②本书提出的理论模型具有很好的模型拟合度，模型中大部分假设得到支持，部分假设遭到拒绝；③修正模型具有较好的模型拟合度，具有较好的解释力，修正模型中的假设都得到支持。

第5章 实证分析结果讨论与结论

本章根据前面实证分析对所提出的理论模型的验证结果进行讨论和综合分析。本章共3节，第1节对研究中变量关系的实证分析结果进行讨论分析；第2节对理论模型的实证检验结果进行讨论分析；第3节对本书实证研究的结论总结。

5.1 变量间影响关系的实证分析结果讨论

本节关于研究中变量间影响关系的实证分析结果讨论分为两个部分，第一部分是影响消费者对电子服务接受使用行为的行为意愿影响因素进行讨论分析；第二部分是关于影响用户对电子服务的个人感知变量的前置影响因素的讨论分析。这两部分的实证研究结果构成了本书的研究结论主体。

5.1.1 影响用户对电子服务的使用行为意愿的因素讨论

本书在前面的理论综述分析中，通过对原有理论研究的总结，以及对互联网/移动互联网情境下电子服务特征和用户特征的分析，提出社会影响、便利条件、态度、信任感和感知风险会影响消费者对电子服务的使用行为意愿。通过第4章的实证分析结果证实了社会影响、便利条件、态度和信任感会正向地影响用户对电子服务的使用行为意愿，感知风险对用户使用电子服务的行为意愿影响不显著。即实证分析拒绝假设H8、H13、H15、H17、H18、H19、H25、H26，支持其余假设。

（1）用户对电子服务的态度影响行为意愿。本书的数据分析结果显示，用户对电子服务的态度是正向影响其使用行为意愿的一个重要因素。同时，感知有用性和感知易用性对用户关于电子服务的态度有正向的影响作用。关于用户对信息系统的态度会正向影响其对信息系统的使用行为意愿，感知有用性和感知易用性会正向影响用户对信息系统的态度的研究已经被学术研究界广泛认可，并得到了多次的实证验证，其中以TAM为基础的研究较多（Davis，1989、1993、2004；Venkatesh等，2003；Taylor和Todd，1995b；Gefen、Karahanna等，2003）。本书将这些变量影响关系的假设引入互联网/移动互联网情境下电子服务的研究中，实证分析结果显示这些影响关系仍然显著存在。电子服务作为互联网情境下一种新的服务模式，既具有信息系统的特性，又具有服务的特性，以往以信息系统为基础的假设在电子服务的使用研究中仍然被证实有显著作用，本书的数据结果对此有了实证研究支持。

（2）社会影响对用户接受电子服务的使用行为意愿的影响。本书的数据分析结果显示，社会影响对用户接受使用电子服务的行为意愿有正向显著的影响。在以往关于社会影响对个人行为影响的研究中，研究者通过使用主观规范、社会因素、形象等变量，研究其对个人使用行为的影响（Ajzen，1991；Davis，1989；Fishbein和Ajzen，1975；Mathieson，1991；Taylor和Todd，1995；Thompson等，1991；Moore和Benbasat，1991）。Venkatesh等在2003年根据对以上变量的分析归纳，提出具有相同含义的社会影响变量，并在UTAUT模型中验证了社会影响变量对用户使用行为的影响（Venkatesh，2003）。

本书通过实证分析验证了在互联网/移动互联网情境下社会影响对电子

服务使用意愿的正向显著影响。此项实证分析结果既满足理论的分析，又符合现实的状况。在互联网 / 移动互联网环境中，用户了解一项网络活动的方式主要有两方面：一是广告宣传；二是相关影响群体的介绍。相关影响群体对使用某项网络活动的评价和认可会很大程度地影响用户对这项网络活动使用行为。

（3）便利条件对用户使用电子服务的行为意愿的影响。本书的数据分析结果显示，社会影响对用户使用电子服务的行为意愿有正向显著的影响。在以往关于便利条件对用户行为的影响研究中，研究者通过使用感知行为控制、便利条件、兼容性等变量，研究其对用户行为的影响（Ajzen，1991；Taylor 和 Todd，1995；Thompson 等，1991；Moore 和 Benbasat，1991）。Venkatesh 等在 2003 年根据对以上变量的分析归纳总结，使用便利条件作为研究影响用户接受使用信息系统的变量，并在 UTAUT 模型中验证了便利条件对用户使用行为的影响（Venkatesh，2003）。

本书通过实证分析验证了在互联网 / 移动互联网情境下便利条件对电子服务使用意愿的正向显著影响。此项数据分析结果即与以往在信息系统中对关于便利条件的实证研究结果一致，又反映了在互联网 / 移动互联网情境下用户在使用网络服务时受其所获得的便利条件影响的客观事实。由于互联网的特殊性，当用户在执行某项网络活动时，需要具备一定条件，包括可以联接互联网 / 移动互联网的计算机 / 智能手机、与该项网络活动有关的硬件和软件 /APP/ 小程序等、完成这项网络活动的操作技巧，以及能够获得的服务和技术支持，取得这些条件的便利性对用户的互联网 / 移动互联网电子服务使用行为产生影响。

（4）用户信任感对接受电子服务的行为意愿的影响。本书的数据分析结果显示，信任感对用户使用电子服务的行为意愿有正向显著的影响。在以往的研究中，有很多研究者将信任作为一个新的变量引入电子商务、网上购物等互联网络活动的研究中，并用实证研究的方法验证了信任变量对用户行为的影响（Roca，2009；Gefen，2003；Reichheld 和 Schefter，2000；Pavlou，2003；Pavlou 和 Gefen，2004）。在本书中，将信任感的测量分为能力、诚实和善意 3 个方面，通过 3 个维度对用户信任感的综合测量，再检验信任感对电子服务使用行为意愿的影响。本书中信任感的实证分析结果与理论梳理和前人的研究结果一致。在互联网情境下，企业通过提高用户对其提供的电子服务信任感加强用户选择其电子服务的行为意愿，并要考虑企业从能力、诚实和善意几个方面提升用户的信任感。

（5）用户的感知风险对接受使用电子服务的行为意愿没有显著影响。本书的数据分析结果显示，感知风险对用户使用电子服务的行为意愿没有显著影响，没有支持原假设；用户对电子服务的态度会显著负向影响用户的感知风险，支持原假设。以往关于用户感知风险的研究者认为，用户在使用互联网、在线购物、在线使用电子服务时会产生多种感知风险，包括财务风险、绩效风险、心理风险和时间风险等（Bobbitt 和 Dabholkar，2001；Laroche、McDougall、Bergeron 和 Yang，2004）。但是关于感知风险对用户行为的影响研究并不多，并存在一定分歧。Lee 认为感知风险会负向影响用户的行为意愿（Lee，2009），Featherman 通过对网上付款服务的实证研究发现，用户感知的绩效风险是决定用户接受使用在线付款服务的重要因素（Featherman 和 Pavlou，2003）。

本书中用户的感知风险对使用电子服务的行为意愿没有显著影响的实证分析结果是成立的，主要有以下原因：一是本书的样本中，被调查对象都是具有使用电子服务经历的用户，对电子服务使用和概况有一定的了解。根据信任感理论，当用户能够控制操作过程时，会增加信任感，降低感知风险。同时作为有经验的用户，感知风险对其的作用要小于没有接触或者没有使用过电子服务的用户。与此相关的研究有，Forsythe 和 Shi 发现，与购物者相比，浏览者（不购物者）感知的财务风险、时间风险和心理风险更大（Forsythe 和 Shi，2003）。二是电子服务使用者关于有用性收益与风险比的判断，即用户即使有感知风险，担心在使用电子服务过程中会受到一些风险的威胁，但由于使用该项服务给用户带来的功能作用和便利性收益大于所遭受到的风险，而会选择继续使用该项服务技术。在本书的实证分析结果对此项解释取得了验证：用户对电子服务的态度会负向影响感知风险，即当用户对使用电子服务的感知有用性和感知易用性会抵消感知风险的影响。

5.1.2 影响消费者对电子服务的个人感知变量的前置影响因素的讨论

本书的理论贡献和创新点之一就是研究了用户感知变量的前置因素对其的影响。在以往的技术接受使用相关研究中，都是注重用户感知因素对使用行为的影响，而忽略了外部客观条件对使用行为的影响。根据理性行为理论的研究，所有外部客观条件都是通过用户主观感知对使用行为产生影响的（Ajzen，1985）。本书重点探索并验证了客观前置因素对用户感知因素的影响，进而对消费者使用电子服务意愿的间接影响。

根据对以往研究的分析和理论梳理总结，本书中所涉及的用户感知变量前置影响因素包括电子服务质量、社会影响因素、便利条件因素和自我效能因素。其中电子服务质量变量包括信息质量、服务质量和系统质量。在关于前置因素对用户感知变量的影响假设中，大部分假设被支持，只有少数假设被拒绝。

5.1.2.1 电子服务质量对个人感知因素的影响

本书根据对文献研究和电子服务现状分析，将电子服务划分为信息质量、服务质量和系统质量 3 个方面，研究其对感知有用性和感知易用性两项用户感知因素的影响。

本书的数据分析结果显示，电子服务网站 /APP 的信息质量对消费者关于电子服务的感知有用性和感知易用性都有正向的影响，支持原假设。消

费者通过网站 /APP 提供的及时、准确和安全的信息，可以更好地了解和掌握企业提供的电子服务业务和服务操作系统，进而增加用户对组织所提供的电子服务的感知有用性和感知易用性。

本书数据分析结果显示，电子服务网站 /APP 的系统质量对用户关于电子服务的感知易用性有正向的影响，对感知有用性没有显著影响，支持部分假设。企业通过加强网站 /APP 建设，进而美化网站界面、增加界面的友好性、加快页面响应速度、加强网站 /APP 信息导航功能等，使得用户可以更容易、更简单地操作使用电子服务所需的活动，进而增加了用户对电子服务的感知易用性。系统质量主要测量的是组织所提供网站操作质量，对用户的电子服务感知有用性没有显著影响。实证分析结果符合电子服务实际操作状况。

本书数据分析结果显示，电子服务组织的服务质量对用户关于电子服务的感知易用性有正向影响，对感知有用性没有显著影响，支持部分假设。本书中的服务质量是指组织在向用户提供电子服务时所提供的服务支持。在本书中，根据以往对服务质量属性研究的梳理和总结，使用礼貌性、可及性、响应性、可靠性和安全性 5 个维度进行测量。组织通过提高服务质量可以加强与用户的沟通，对用户遇到的问题提供及时、准确的帮助，使得用户可以得到使用电子服务的支持，增加用户对使用电子的感知易用性。企业提供的服务越好、越到位，用户就能越简单地使用此项电子服务技术。服务质量的提高主要是对用户使用和操作电子服务相关活的支持，对用户所感知的电子服务有用性并不存在影响。本书中的实证研究结果符合现实电子服务活动中的实际情况。

5.1.2.2 社会影响对个人感知因素的影响

本书通过对以往相关研究的文献梳理和总结，提出社会影响会对感知有用性、感知易用性、信任感 3 项个人感知因素产生正向影响的研究假设。本书的实证分析结果支持关于社会影响对本书中用户感知因素的全部假设。

社会影响是指与用户相关的影响群体对用户采用电子服务的评价与认可，以及采用某项电子服务行为所获得的社会评价。与用户相关群体如果对其使用电子服务表示认可，并给予电子服务一些正向的评价，包括认为使用电子服务可以增加生活和工作的便利性、认为电子服务可以满足人们的一些交易功能、认为电子服务的操作很方便，这些评价和认可都会对用户产生影响，进而增加用户对电子服务的感知有用性、感知易用性和信任感。根据创新传播理论，与用户相关的使用群体对技术和创新的传播会起到宣传和促进作用（Rogers，1962）。本书的实证研究结果符合理论推导和客观实际。

5.1.2.3 便利条件对用户感知因素的影响

本书通过对以往相关研究的文献梳理和总结，提出便利条件会对感知有用性、感知易用性、信任感 3 项用户感知因素产生正向影响的研究假设。本书的实证分析结果支持关于便利条件对本书中用户感知因素的全部假设。便利条件是指用户在使用电子服务时所能够获得的技术上的支持和所拥有的软硬件资源。如果用户在使用电子服务的过程中能很容易地获得服务所需的软硬件资源，并可以方便地获得技术支持，会使得用户增强控制感和便利使用性，进而使得用户的感知易用性、感知有用性和信任感都得到增加。本书的实证研究结果符合理论与客观实际。

5.1.2.4 自我效能对用户感知因素的影响

本书通过对以往相关研究的文献梳理和总结，提出自我效能会对感知易用性和信任感两项用户感知因素产生正向影响的研究假设。本书的实证分析结果支持假设 H24，即自我效能正向显著地影响用户对电子服务的感知易用性；拒绝假设 H25，即自我效能对用户关于电子服务的信任感没有显著影响。自我能力是个人认为其所具有执行或者组织一项相关活动的能力（Banduran，1986）。在互联网 / 移动互联网情境下，电子服务是一种自助服务，用户对电子服务的使用也是对网络信息系统的使用。如果用户具有较强的自我效能，认为自己能很好地控制关于电子服务的操作和资源，会使得用户认为使用电子服务会很容易，增加用户的感知易用性。而用户对信任的感知主要是来自用户对企业的感知，在本书中和自我效能关系并不明显。本书的实证研究结果符合理论与客观实际。

5.2 理论模型的实证分析结果讨论

本书通过使用结构方程的方法对提出的理论模型进行了实证统计分析，使用 Lisrel 软件对研究提出的理论模型进行了测量模型分析、结构模型分析和修正模型的分析。测量模型的拟合指数满足学术界公认的拟合指标标准，测量模型具有很好的模型拟合度。理论模型的结构模型拟合指数也符合学术界对模型拟合指标的要求，说明结构模型具有较好的模型拟合度。在删除结构模型路径分析中不予支持的假设，并对理论进行重新的梳理分析后得到本书的修正模型。修正模型中，所有的路径系数都显著，并具有优于原模型的拟合指数。修正模型中对行为意愿变量的解释达到了 69%，对其他个人感知因素的解释也超过了 30%，说明模型具有较强的解释力，达到了本书的 3 个研究目的，即研究行为意愿的影响因素和研究影响个人感知变量的前置影响因素，并对各变量的影响关系通过理论模型进行清晰显示。

5.3 结论

本书通过实证分析和结果讨论，得出以下结论。

（1）态度、信任感、社会影响和便利条件是影响用户接受电子服务的重要因素。其中用户对电子服务的态度是由用户对电子服务的感知有用性和感知易用性所共同影响的，支持假设 H1、H2、H3、H4、H9、H14。

（2）感知风险对用户使用电子服务的意愿没有影响，用户的感知风险受用户对电子服务的态度所影响，支持假设 H16。

（3）社会影响作为前置影响因素对用户关于电子服务的感知有用性、感知易用性和信任感都有正向的显著影响，支持假设 H5、H6、H7。

（4）便利条件作为前置影响因素对用户关于电子服务的感知有用性、感知易用性和信任感都有正向的显著影响，支持假设 H10、H11、H12。

（5）自我效能作为前置影响因素对用户关于电子服务的感知有用性有正向的显著影响，支持假设 H24。

（6）电子服务质量的信息质量、服务质量和系统质量 3 个方面都会对用户关于电子服务的感知易用性产生正向影响，信息质量会对用户关于电子服务的感知有用性产生正向影响，支持假设 H20、H21、H22、H23。

（7）从模型的拟合度来讲，通过使用结构方程分析，本书中的测量模型、结构模型和修正模型都具有很好的模型拟合度。

（8）从模型的解释程度来讲，通过使用结构方程分析，本书中的修正模型能解释模型中用户对电子服务使用意愿 69% 的方差，对其他用户感知因素的解释也超过了 30%，模型具有较强的解释力，满足研究的目的。

第6章 以电子银行为例的电子服务案例分析

6.1 案例分析导论

网上银行和手机银行又叫做电子银行（Internet bank 或 E-bank），作为一种新的金融服务形式被越来越多的用户所熟悉和使用。电子银行通常有两层含义：一是指机构概念，是指银行机构通过信息通信平台开设的银行网站或手机移动端 APP；二是业务概念，是指银行机构通过互联网、移动通信等通信技术向用户提供的金融服务业务，既包括传统的银行相关业务，又包括与银行业务相关的衍生业务。本书中的电子银行概念是指网上银行或手机银行的业务概念，是指银行所提供的电子金融服务。

电子银行服务具有提供网上金融服务的交易功能、用户信息查询功能服务和用户的客户服务支持功能，是典型的综合性电子服务。本书选择电子银行服务作为电子服务案例分析，一是考虑电子银行的典型电子服务特性；二是因为电子银行具有社会普及性，被广大年轻网络使用者所熟悉。对电子银行服务的分析既具有对理论的验证意义，又具有对实践的推广意义。

在本章的案例分析研究中，首先是对电子银行发展现状的描述和其他研究机构的综合分析；其次本章将以工商银行电子银行的发展为实例，探讨分析工商银行在发展和推广中取得成功的影响因素，进而对本书所提出的理论模型进行实践的分析验证。

6.2 中国电子银行服务发展现状分析

随着我国互联网的迅速普及和发展，中国用户的网上购物等电子商务也正处于迅速发展的阶段。根据 CNNIC 发布的权威数据，截至 2019 年 6 月底，我国网民规模达到 8.54 亿人，较 2018 年年底提升 1.6 个百分点；我国手机网民规模达 8.47 亿人，较 2018 年年底增长 2984 万人，网民使用手机上网的比例达 99.1%，较 2018 年年底提升 0.5 个百分点①。电子银行作为电子商务的支撑，伴随着电子服务的发展快速增长。根据艾瑞咨询网的研究报告，2015 年中国电子银行交易笔数达到 1773.6 亿笔，电子银行交易笔数替代率达到 88.6%；2015 年中国网上银行交易规模达到 1803 万亿元，同比增长 38.2%；2019 年中国网上银行交易规模达到 4621.8 万亿元，同比增长 22%。同时 2011 年到 2018 年，手机银行处于井喷式发展状态，2015 年中国手机银行交易规模达到 72.6 万亿元，同比增长 121.6%；2019 年中国手机银行交易规模达到 452.37 万亿元，同比增长 35.2%。各大银行加快移动金融战略布局，加快手机银行交易规模高速增长，未来将保持较高增速稳定增长②，如图 6-1、图 6-2 所示。

由于企业通过推广网上银行服务业务可以帮助企业极大地降低银行服务成本，使企业能够拥有更广泛的客户群体，并帮助企业改变原有传统银行的竞争格局，在更大范围内的实现规模经济，以及面对日益增长的网上银行用户群体，促使企业积极开展和推广本企业的电子银行服务。根据艾瑞咨询对网上银行竞争状况的研究分析，2013 年商业银行个人网银交易规

① 《第 44 次中国互联网络发展状况统计报告》。

② 《移动金融为核心的电子银行体系逐渐成熟》。

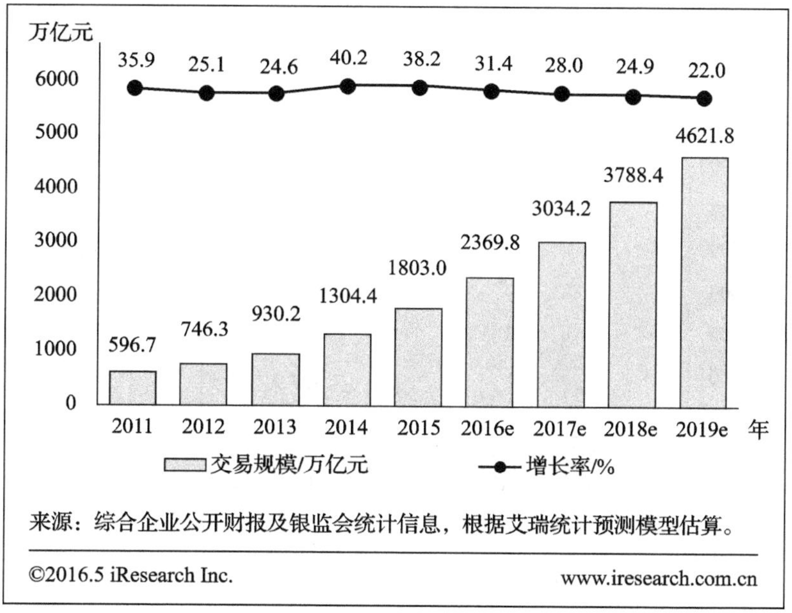

图 6-1　2011—2019 年中国网上银行交易规模统计与增长率

模市场份额分布中，工商银行占比为 36.3%，位列第一；其次是农业银行，占比为 23.0%；中国银行占比为 9.4%；建设银行占比为 8.1%；招商银行占比为 4.8%；其他股份制商业银行个人网银交易规模占比均低于 3%。企业网银交易规模市场份额分布中，工商银行占比为 30.5%，位列第一；其次是建设银行，占比为 15.6%；农业银行占比为 11.6%；中国银行占比为 9.5%；招商银行占比为 5.1%；其他股份制商业银行企业网银交易规模占比均低于 5%。中国工商银行以极大的领先优势占据了个人网上银行和企业网上银行服务的第一把交椅，因此本书将选取中国工商银行电子银行服务作为案例分析的研究对象。

关于用户选择使用电子银行的驱动因素调查上：①艾瑞咨询公司通过在 2009 年 12 月到 2010 年 1 月使用 IUserSurvey 在 103 家网站上进行联机调研发现，驱使用户选择使用网上银行的原因主要有：网上银行方便性高、操作简单易用、交易费用低廉等，其中使用网上银行可以获得便利性成为影

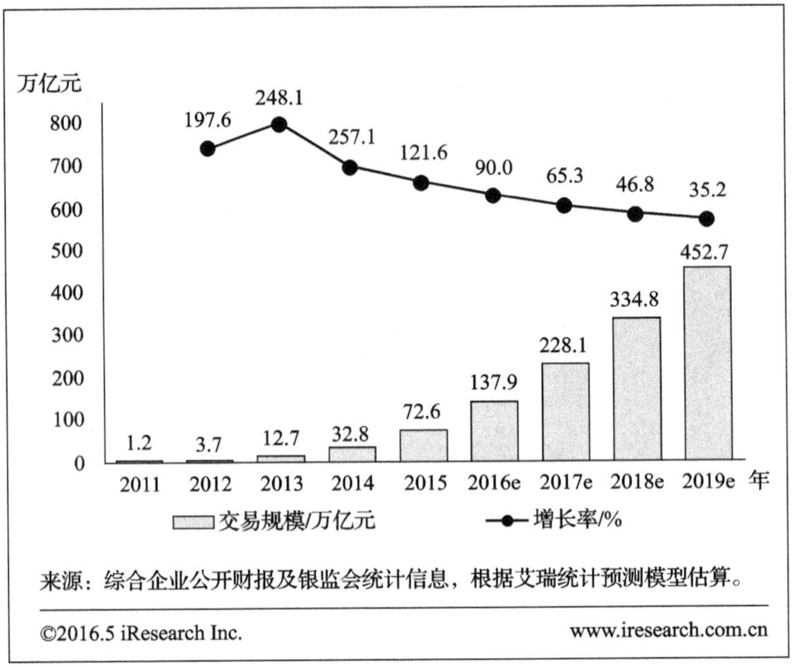

图 6-2　2011—2019 年中国手机银行交易规模统计与增长率

响用户的最重要的因素，具体分析如图 6-3 所示[①]。②央视市场研究（CTR）发布《中国手机银行用户行为趋势研究报告》提出：在手机银行触发场景中，“业务需求，主动开通”成为消费者开通手机银行的主要触发场景，占比达到 76.3%，其次为被动开通方式，包含银行人员推荐和亲朋好友的推荐，占比分别为 44.9% 和 20.9%。在拒绝使用手机银行的用户中，主要是担心安全问题而拒绝使用手机银行，占比达到 48.0%；其次为没有需求，占比为 32.7%。“便利性强”成为消费者使用手机银行的主要因素，并且此形象也深入人心，占比达到 60.5%。“便利性强”主要包括方便快捷操作简单和随时随地可用两个方面，这两方面进一步解决了手机银行相较于其他类型银行客户端在时间和空间上所面临的问题，促进了手机银行用户的使用。根据研究机构对网上银行和手机银行的影响因素分析，提炼出七项影响因素，包括方便、易用、价格、功能、需要、服务、推荐，都是本书理论模

① 《2014 中国商业银行互联网化研究报告》。

型探讨中所考虑的因素。本书通过理论分析将这些因素进行分类，并探讨由其构成变量之间的影响关系，得到了实践研究的验证。

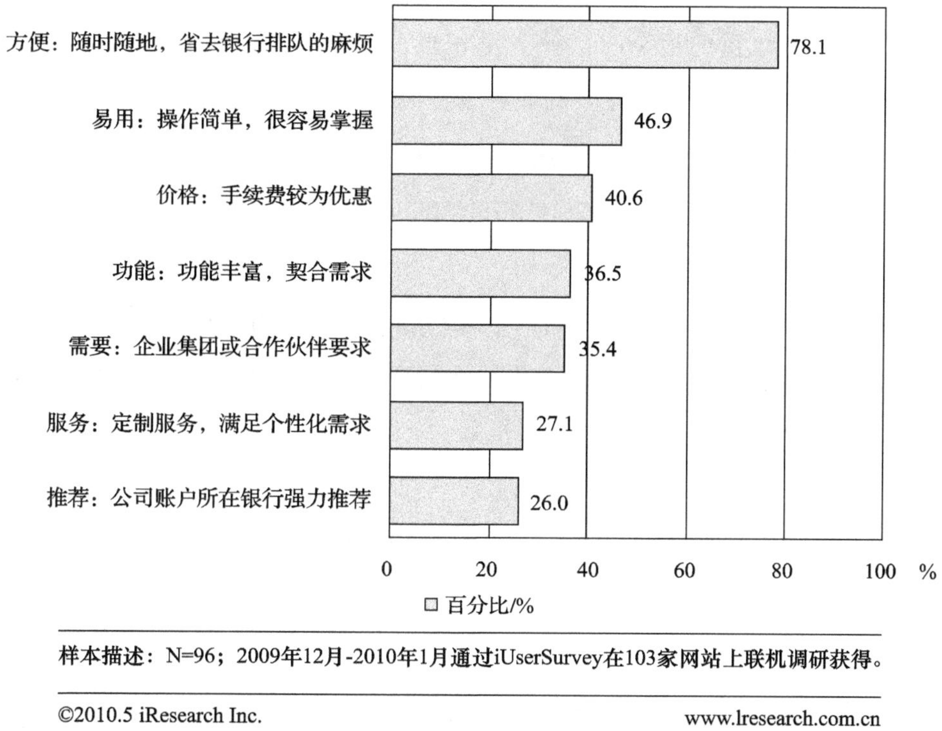

图 6-3　2009 艾瑞咨询关于企业用户选择使用网上银行原因排名

CNNIC、艾瑞咨询、央视市场研究（CTR）对网上银行服务的发展分析和数据统计，肯定了本书理论研究的意义，并从统计分析上验证了本书所提出的理论模型。

6.3　工商银行电子银行服务分析

6.3.1　工商银行电子银行服务的业绩与研究意义

工商银行电子银行业务在国内网上银行同业竞争中占据领先地位。工商银行网上银行从2000年建立起，经历了突飞猛进的发展，并取得了卓越的经济效益和极高的社会认可度。2000年，工商银行的电子银行交易额为1.9万亿元，截至2017年年末，工商银行以互联网为主的电子银行业务量占全部业务比重已达95%，业务量相当于现有全部网点的4倍多；在互联网金融业务总量上，以互联网业务为主的电子银行总交易额646万亿元，同比增长7.7%，业务量占全部业务的比重进一步提升至约95%。在电子银行用户规模上，个人用户从2000年的20.1万户，增加到2019年6月末的“融e行”客户3.33亿户。

根据工商银行2019年半年报，工商银行致力将“融e行”打造成为具有极致服务体验的专业化、智能化线上金融交易服务平台。针对不同客户群，加快研发个性化版本；上线亲情账户、代理开户、跨行一键大额汇款、跨行手机号汇款等新功能；推动线上线下一体化服务，创新推出随用随取的信用卡“急用钱”功能，实现线上办理换卡不换号、资信证明等服务。截至2019年6月末，“融e行”用户3.33亿户，客户规模、客户黏性和活跃程度持续行业领先。

在服务理念上，工商银行始终坚持构建开放、合作、共赢的金融服务生态圈，向服务无所不在的“身边银行”、创新无所不包的“开放银行”、应用无所不能的“智慧银行”转型。同时，工商银行手机银行4.0版本实现账户查询、云保管、信用贷款等八大功能升级；创新手机银行“随心查”“一键转账”等业界领先功能，实现自助注册与绑卡分离、免登录查询账户余额等便捷功能。

在取得巨大经济收益的同时，工商银行也获得了极高的社会评价和公众认可度。工商银行电子银行连续多年获得美国《环球金融》杂志“中国最佳个人网上银行”荣誉，连续10年荣获“中国最佳网上银行”“网上银行最佳用户感受奖第一名”“中国最佳呼叫中心”等国内外大奖。在《互联网周刊》最新发布的“2019年上半年银行APP排行榜”中，工商银行手机银行位居第一。在易观发布的移动端应用排行 TOP1000 中，工商银行手机银行月活跃用户数达到 5400 万户，银行业排名第一；用户总体规模以及代表用户黏性的启动次数、使用时长等指标数据均高于同业。正是基于工商银行这种优异的业绩和社会认可度，本书选择中国工商银行电子银行业务作为案例分析的研究对象，与本书的理论模型进行具体的对比分析。

6.3.2 工商银行电子银行的发展概述

工商银行网上银行和手机银行的发展历程主要经历了 4 个时期：探索期、起步期、发展期、转型期。

（1）1997—2000 年是工商银行网上银行发展的探索期。1997 年 12 月工商银行网站的建立标志着其电子银行业务的起步。1998 年工商银行根据国外外展的经验和对中国未来互联网发展的分析与预测，在互联网技术刚刚在中国兴起之时，便提出了开发对公网上银行的设想。1999 年 6 月工商银行完成了互联网的对公网上银行 V1.0 版本的开发和业务测试，同年 12 月取得了中国人民银行的正式批复，成为得到中国人民银行批复的国内首批可以开办网上银行业务的银行之一。2000 年 2 月 1 日，工商银行在北京、广州、上海和天津分行开始了网上银行对公业务的试点工作，同年 5 月在全国 31 个城市全面开通，工商银行网上银行服务全面起步，填补了中国金融业通过互联网向企业提供服务的空白。经历 3 年的探索与发展，工商银行初步建成了集网上银行、电话银行、手机银行、企业银行、自助终端、ATM 等多渠道为一体的电子银行服务体系。

（2）2001—2003 年是工商银行网上银行发展的起步期。2000 年 6 月，工商银行总行成立了管理电子银行业务的专职管理机构——电子银行办公室（现改名为电子银行部）。这个行政机构的设立表明工商银行的电子银行业务从各部门、各行分散管理的萌芽阶段进入由总行统筹规划、整体发展的起步阶段。在此期间，工商银行网上银行的发展主要呈现以下几个特点。

①丰富和扩大企业网上银行服务，带动网上银行业务全面发展。2000—2003年，工商银行通过对公网上银行的技术创新和版本升级，丰富其所提供的网上银行服务产品种类，开发并扩展新的网上银行服务功能，大幅度提升了工商银行网上银行的竞争力。2000年6月，工商银行在国内推出了B2B在线业务支付功能，使得企业双方可以通过企业网上银行实现资金实时划拨，填补了国内此项服务领域的空白。2001年6月，工商银行通过对网银3.0版本的投入使用，为企业用户提供了最新的网上银行技术平台，使得网上银行服务的页面亲和力、界面友好性、系统负荷能力、响应速度、稳定性等方面都得到了很大程度的提高。2002年9月，工商银行开通了大用户客服支持热线，为优质大用户提供及时指导，并帮助用户解决使用网上银行过程中遇到的问题，提高了网上银行用户服务水平。2003年，工商银行推出企业网上银行新证书系统、英文版、跨行支付系统等新产品。截至2003年年末，工商银行网上银行先后推出了集团理财、网上结算、网上收费站、B2B在线支付、银企互联、贵宾室、财务室、网上支付结算代理等为重点的优势在线金融服务产品。这些网上银行服务不仅满足了企业资金集中管理和支付结算的需要，而且减轻了企业操作强度，建立了国内同业的产品创新领先优势。

②开展个人网上银行服务业务，提供安全、丰富、个性的网上银行服务。2000年8月28日，工商银行在北京、浙江分行进行试点试验，开设了个人网上银行服务，开始尝试向个人用户提供网上金融服务。2003年11月23日，“金融@家”作为工商银行的新一代个人网上银行服务业务组合品牌，在全行成功投产。“金融@家”丰富了个人网上银行功能，并帮助工商银行确立了在个人网上银行业务领域的领先地位。“金融@家”成功地解决了网上银行服务业和用户最关心的安全问题，通过高度安全的智能芯片硬件加密，使得“金融@家”具有与企业网上银行同等级别的安全机制。同时“金融@家”具有强大的服务功能，覆盖个人客户所有的银行业务需求，

包括“我的账户、缴费站、个人理财、网上汇市、网上证券、网上保险、网上贷款、工行信使”等 12 类、58 项功能。此外，“金融 @ 家”针对客户群体的差异特征，为用户提供了个性化特征明显的服务，使得网上银行服务首次在国内实现分层次和个性化。

③完善总行网站建设，推行电话银行、手机银行应用。在企业和个人网上银行推出后，工商银行加快了网站建设的步伐：一是对网站的网络宽带进行扩容；二是成立网上银行中心，实现网站信息发布、运行监控和业务交易的统一管理，网站运营维护力量得到加强，信息更新速度明显加快；三是改进网站版面，实现了网站信息实时更新与发布，并大大提高了网站的页面亲和力、界面友好性和响应速度，为用户提供了从金融信息、业务介绍、操作指南、网上交易等专业化的一站式金融服务。2003 年在同行业中率先推出繁体版门户网站，架构了集中文简体、繁体和英文于一体的多语种门户网站。

与此同时，工商银行还加快了电子银行业务普及型产品电话银行和探索型产品手机银行的推广进程。2001 年 6 月，全行统一模式的电话银行中心系统已在 36 个一级、直属分行投产，开通了账户查询、账户转账、银证转账、外汇买卖、银证通、缴费付款等多项服务功能，其中河北、浙江、江西、河南、湖南、陕西等省分行已在全辖范围内开通了电话银行中心服务，使得 95588 电话银行品牌得以确立。手机银行方面，2001 年 4 月，在总结北京、天津、上海等 12 家分行试点经验以及客户反馈的基础上，工商银行推出了手机银行 V1.1 版本，扩充了手机银行账户转账功能，增加了业务统计功能及 SIM 卡密钥文件加密传输功能。

④建立电子银行整体品牌。2002 年，工商银行确立以了 金融e通道 为全面涵盖网上银行、电话银行和手机银行等业务的电子银行整体品牌，其中包含一系列子品牌：95588 电话银行、金融@家 个人网上银行、工行财e通 企业网上银行。经过持续的品牌建设和广告宣传，“金融 e 通道”

已逐步成为国内电子银行业中最著名的品牌之一。

（3）2004—2014 年是工商银行网上银行服务的发展期。2004 年开始，随着中国互联网与中国互联网经济的迅速发展，以及工商银行在网上银行服务业务领域的创新与发展，工商银行网上银行发展进入了一个快速全新的阶段。在此期间，工商银行通过多方努力，使得其网上银行服务业务成功、稳固地占据中国网上银行服务业的领先地位。工商银行在此阶段的三项电子银行发展成果如下。

①打造电子银行六大平台和四大渠道，取得产品创新重大进展。工商银行提出了建设电子银行六大平台、四大渠道的战略规划，即“以产品创新驱动，巩固扩大电子银行资金管理平台和电子商务平台的国内领先优势，发展壮大电子银行收费缴费平台和金融理财平台，努力建设电子银行代理销售平台和营销服务平台，积极打造网上银行、电话银行、手机银行和自助银行四大渠道，力争在 3 年内将电子银行打造成为我行具有核心竞争力的主要业务”。

在企业网上银行方面，2004 年推出了面向中小企业的普及版企业网上银行。2005 年推出了网上银行票据管理、委托贷款、专业版银企互联、通用缴费、网上银财通、企业定期存款等新产品。2006 年，新增银企对账功能。2007 年，推出集中式银期转账、信用支付等新产品。2008 年，又成功研发了银银通、在线 ERP、跨银行财资管理系统等产品。

在网站建设方面，2005 年，成功投产了中英文版的中国工商银行股份有限公司网站，建立起以股份公司网站为主网站、各分支机构网站为子网站、符合国际化网站建设惯例的二级网站体系，开启了网站建设的新篇章。2007 年，门户网站全新改版，推出了“公司机构版”和“个人客户版”，完善了工商银行网站“以客户为中心”的网站架构。

在个人网上银行方面，2004 年进一步优化网上银行系统结构，提高了网银系统响应速度、交易吞吐量，突出了网上银行服务的人性化和操作的简便化，使业务流程更加符合客户操作习惯。2005 年新增了通用缴费、网上个人跨境汇款等新功能，简化了客户证书安装操作，丰富了网上银行功能操作提示和引导信息，初步解决了网上银行“门难进”“看不懂”和“不好用”等问题。2006 年，推出了全新的安全产品——电子银行口令卡，增加了个人网银基金定投、转账汇款、B2C 等强大交易功能。2007 年，推出“电子速汇”、人民币账户黄金、代理实物黄金、第三方存管自助注册等功能。2008 年，推出了个人网上银行预注册业务和贵宾版个人网上银行，大幅增强了对网上银行个人客户的分层服务能力，其中贵宾版个人网上银行的推出为优质客户提供了专属服务通道、专属服务区域、专属优惠、专属服务和专属产品；并全新推出“二代 U 盾”和网上银行手机短信认证服务等安全产品，进一步提升个人网上银行的安全级别。

在电话银行方面，2003 年 12 月工商银行率先在国内同业中开通电话银行异地漫游功能，方便广大客户异地使用电话银行。2004 年 9 月，95588 电话银行在国内率先推出香港异地漫游服务功能，实现了香港与内地的互动漫游，标志着工商银行电话银行迈出了走向国际化服务的坚实一步。2007 年，电子银行中心成都分中心组建英语座席组，较好地满足了外籍持卡人的服务需求。2008 年，开通 4006695588 贵宾专线服务。推进电话银行的集约化、规模化经营，2003 年成立了电子银行中心，整合原总行网银中心和北京分行 95588 的技术资源和人力资源，为加快全行电话银行一体化建设，实施集约化经营创造了良好条件。2003 年 3 月，启动了一体化电话银行的建设，各家分行陆续投产一体化电话银行系统，截至 2008 年，除浙江、广东和深圳分行，全行均投产了一体化电话银行系统，从而实现了统一模式下兼顾地方特色的交易平台，标志着工商银行电话银行由呼叫中心向具有多种接入模式、丰富交易功能和强大外拨处理能力的新型呼叫中心转变。

在手机银行方面，2004 年 8 月，新一代手机银行（短信）正式投产，中国移动的客户可通过手机短信的方式办理查询、转账、汇款、捐款、缴费、消费支付等多项业务。手机银行（短信）的适时推出适应了市场竞争的需要，丰富了电子银行产品，有效拓展了移动金融服务市场。2008 年 7 月，推出手机银行（WAP），具有 11 大项、60 多子项功能，可实现账户管理、转账汇款、代理缴费、投资理财和消费支付等业务的办理，工商银行实现了针对 WAP 客户群金融服务零的突破。工商银行不断丰富手机银行业务功能，先后推出向任意手机号汇款、无卡取现、信用卡申请、购买火车票等特色服务，完成了手机银行产品化改造和安全性提升，持续优化业务流程和交互界面，全面提升手机银行的服务能力和客户体验。工商银行还在 2014 年统一了个人网上银行和手机银行两个渠道的登录名、登录密码、注册账户和安全认证介质，实现了客户“一次注册、双渠道通行”，进一步提升了移动金融服务的便捷性。

在快捷支付方面，工商银行按照“大额安全、小额便捷”的原则，推出了快捷支付产品工银 e 支付，兼顾了便捷性与银行端的安全性。2014 年工银 e 支付交易额达 548 亿元，同比增长 8 倍，远远超过快捷支付市场的平均增速。

在金融社交方面，2014 年工商银行创新推出了融 e 联即时通信平台，通过搭建客户端、客户经理端和服务管理平台，有效构建起客户与客户经理、在线客服、行内外单位之间的社交圈子，为客户提供语音、文字、图片、视频等方式的智能快捷服务。随着融 e 联的快速推广应用，工商银行初步形成了自身的移动互联网金融生态圈，推动客户营销和服务进入“移动社交化”时代。

②实施“电子银行服务专区示范工程”，加速促进全行经营和服务模式转型。2005 年起，工商银行组织进行电子银行服务专区示范工程试点，充分发挥示范网点的示范效应，一是发挥了电子银行分流柜面业务的作用，减轻了柜面压力，试点网点排队现象得以缓解；二是电子银行客户数和业

务量显著增长；三是节约了柜面人力资源，优化网点资源配置，提升网点核心竞争力。2006 年—2008 年，工商银行继续大力推进电子银行服务专区示范工程，示范工程已经从试点阶段转入全面推广阶段，截至 2008 年年底，工商银行建有电子银行服务区的网点数达到了 5841 家，电子银行服务区网点数量占全行网点数量的比例达到 35.6%，示范网点的运营质量明显改善，电子银行客户数、业务量、自助设备使用率等指标比示范前明显提高。2017 年，工商银行升级推出 e-ICBC3.0，加快推进“智慧银行”战略，从 IT 架构、科技研发、业务优化、场景应用等各方面全面提升智慧化经营管理水平。

③健全各项规章制度，加强业务风险防范。工商银行电子银行自业务开办以来，始终坚持一手抓业务发展，一手抓风险管理，建立了有效的电子银行风险防范机制和比较健全的内部管理制度体系，2004—2008 年，工商银行在电子银行制度建设和业务管理方面做了大量工作：一是进一步健全各项业务制度，根据流程变革和业务创新的要求，将 17 个分散的办法、规定整合为一个统一的电子银行业务管理办法，建立了适应电子银行业务健康发展的系统化管理制度，并根据“一项业务一本手册，一个流程一项制度，一个岗位一套规定”的要求，制定了科学规范的电子银行业务操作规程；二是将电子银行业务纳入事后监督体系，实现了电子银行业务事后监督向系统化、自动化的监督方式转变，内控防范能力大大增强。此外，还通过强化内部控制、防范外部风险、加强制度落实的检查监督，开展业务培训和全行电子银行依法合规大检查，提高对全行电子银行的业务管理和风险管理能力。

（4）2015—2019 年是工商银行打造第一手机银行，助力个人金融业务的转型发展时期。虽然在 2008 年工商银行已经推出了较为完善的手机银行业务，但与同业相比，工商银行手机银行发力较晚，在 2015 年年初月活跃客户尚不足 1000 万户。在意识到移动端竞争将成为零售业务的主战场后，工商银行不断升级互联网金融战略。每一步都更加强调“金融为本，移动优先”的发展理念。在《互联网周刊》最新发布的“2019年上半年银行App排行榜”中，工商银行手机银行位居第一。在易观发布的移动端应用排行TOP1000中，工商银行手机银行月活跃客户数达到5400万户，银行业排名第一，客户总体规模以及代表客户黏性的启动次数、使用时长等指标数据均高于同业。

在此阶段，工商银行首先全力进行手机银行的建设，并借此助力金融业务转型。

①全力建设手机银行。第一，明确定位，服务全行。2017年，工商银行成立了网络金融部，加强对移动APP的统筹管理，逐步收缩移动端入口，下架直销银行、iPad网银等多款总行级APP，按核心业务和场景，精简到“三融一活”（“融e行”“融e联”“融e购”和“工银e生活”）四款APP。其中，“融e行”APP定位于全行专业化的线上金融交易服务平台，提供“专业、智能、安全、精选”的金融功能与服务。

第二，综合业务贡献凸显。连续五年来，工商银行手机银行业务笔数按每年30%的速度增长，平均个人客户每3笔交易中就有1笔来自移动端；交易金额按每年15%的速度增长，对工商银行零售业务的价值贡献日益凸显。除监管要求的临柜交易外，工商银行个人客户非现金类业务已全面实现线上化，投资理财类高价值业务在移动端占比逐年提高，其中账户类交易最高达到99%以上。

第三，用户维护成效显著。在银行业普遍面临客户到店率低、线下接触客户频率低的情况下，手机银行以其随时、随地、随身的特征成为银行业触点最高的服务媒介，开通手机银行的用户将为银行带来更多的价值贡献。工商银行手机银行在全行个人用户的渗透率逐年提升，尤其在高星级、高净值、高价值用户群中渗透率更高。私行客户渗透率达到94%以上，信贷客户渗透率超过80%；在全行不同年龄段的个人用户中，半数以上的

20 ～ 30 岁的用户都在使用手机银行办理业务。手机银行已经成为工商银行服务价值客户、培育潜力客户的重要平台。

②打造第一手机银行，助力个人金融业务转型发展。面对金融服务和金融格局出现的新变化，工商银行坚持以用户为中心，瞄准高价值人群，注重潜在价值，加大前瞻投入力度，深化线上线下、境内境外、界内界外业务融合，打造智能化、个性化、开放化、有温度的线上金融服务平台，不断提高手机银行在全行零售业务中的价值贡献度，助力全行个人金融业务经营转型。

第一，以新技术前瞻投入提高手机银行智能化服务水平。工商银行不断加强对手机银行的前瞻投入，加快金融科技最新成果的应用，不断提升平台智能化水平：一是智在服务，全面升级智能搜索中心，利用语音识别技术，实现用户语义智能化解析，支持纯语音交互办理业务，扩展跨平台场景、活动、数据的搜索范围和搜索能力；二是智在营销，推出智能投顾“AI 投”，借助专业量化模型，让广大用户可以较低的门槛获得个性化的资产配置方案，降低投资时间成本和机会成本。依托大数据与人工智能技术，对用户进行多维细分与全景画像，实现精准、自动、智能化的“千人千面”服务，有效服务和激活长尾用户；三是智在风控，结合设备指纹、行为轨迹等无感认证技术、生物识别技术（指纹、刷脸、声纹）以及 LBS 技术应用，进一步加强手机银行的智能风控。

第二，以用户为中心打造极致产品体验。工商银行手机银行围绕“以用户为中心”的发展理念，注重痛点难点解决，将用户体验作为重中之重，将满足用户迫切需求作为重中之重。一是“随心查”服务，围绕用户管理资产、查询交易明细服务，在 2018 年创新应用大数据、云计算技术，以用户视角提供账务灵活查询与分析服务，实现五维灵活查询，五年明细追溯，图形化展现收支变化趋势。经过行内员工的多轮体验优化，一经上市，月均使用人次超过千万，被评为“2018 中国金融科技创新榜优秀案例”。二是新产品员工众测，新版本上线均采用灰度发布机制，由行内员工先行先试，待体验中的问题解决之后再面向市场发布。三是用户反馈意见快速迭代，定期整理分析用户反馈、95588客服收集的体验问题，以快速迭代的开发方式解决，尤其是转账汇款、账户查询等高频交易，最快每周迭代优化，不断提升用户满意度。

第三，以专属服务提升手机银行服务价值客户、挖掘潜力客户的能力。结合市场变化和客户需求，工商银行将手机银行由资产分层经营升级为场景细分用户群经营，围绕垂直市场、细分用户群经营发力，探索个性化的服务模式，构建手机银行全量用户分层维护体系；发挥手机银行低门槛、快触达、广服务的优势，提升全量用户分层服务水平，提高价值贡献。

一是打造专属版本。2019年7月最新推出“幸福生活”版手机银行，紧跟两亿多老年用户向移动端迁移的潮流，着力解决中老年用户痛点，围绕安全、简单、亲情为中老年用户度身定制简版手机银行，不仅受到中老年用户的认可，还受到很多年轻人的追捧，解决了金融产品中对父母尽孝心无从下手的难题；针对学生、军人、小微、私人银行等用户群，工商银行手机银行也提供差异化、专属化的金融产品与服务，满足个性化需求。

二是整合场景式服务专区。推出“环球通”“e起投”“智行天下”等服务专区，从用户视角按业务旅程提供一站式服务。“环球通”集合出境权益、安全保障、跨境汇款、境外馆等众多特色服务；“e起投”整合了工商银行五大账户交易产品。出境用户、投资理财用户及车主用户在专区中无需多次翻找，所需功能一目了然，每年为近千万用户提供场景化金融服务。

第四，以线上线下、境内境外、界内界外融合打造无界金融。工商银行认为，未来银行必然是服务无所不在的开放银行，用户希望能更随心所欲、随时随地获得金融服务。因此，商业银行必须主动拥抱开放共享的变革趋势，营造共生、共融、共创的生态圈，最终实现共赢的价值生态。对此，工商银行的手机银行业务：一是促进线上线下融合，推动网点智能终端、柜面交易的免卡免证服务，进一步丰富线上线下一体化订单服务，实现线上线下无缝衔接的服务流程。二是深化境内境外融合，探索境内外手机银行客户端互通，实现“一机在手、走遍全球”。三是促进界内界外融合，以手机银行小程序应用实现外部场景快速接入，以 API 输出授权登录、账户管理等金融服务提升手机银行快速接入与输出能力，推动以“金融 + 场景”的融合打造无界银行。

第五，以立体化运营打造有温度的金融服务。在充分竞争的互联网金融领域，完善的运营成为维护用户的重要手段。工商银行从用户群、内容、数据和运营机制等维度着手，建立精细化、差异化、专业化的线上运营体系：一是加强数据运营，增强网络金融大数据支撑，深化面向客户、场景等维度的大数据分析和应用，全面实现网络金融营销数字化转型。二是持续进行活动运营，优化互联网营销平台，建立全行主题营销活动的常态运营机制，实现互联网化获客能力。三是深化分行特色运营，利用网点周边、分行特色产品及场景，整合全行产品、场景和营销资源，为用户提供专业化、区域化、精准化的服务。

工商银行认为，金融与科技的融合创新将在用户服务、用户体验、产品设计上发挥更大作用、提供更多便利，风险控制能力也将更加精准、有效。商业银行只有不断适应变革，不断改造服务模式和经营方式，向产品、场景、平台等多位一体服务转型，才能更好地顺应时代发展潮流，满足用户的个性化需求。

6.3.3　工商银行电子银行业务成功因素分析

工商银行从开始阶段的探索试行，到成为今天的网上银行和手机银行的领军企业，其取得的成功与正确的战略制定和对用户使用的科学探索不可分割。通过上一节对工商银行网上银行发展和经营措施的概述，可以将其特征总结为以下几个方面：

（1）提升电子银行服务的有用性。工商银行通过丰富网上银行服务产品，增加网上银行服务，不断提升网上银行业务的有用性。工商银行在20年里对其所提供的电子银行服务内容不断创新和扩展，使得网上银行服务从原来单一的转账和查询服务，扩展到现在的基于网上银行和手机银行的全面在线金融服务和生活理财辅助服务。电子银行服务产品的多样性，增加了用户对网上银行的感知有用性，使得用户使用网上银行的动机从便于交易，转变到了功能诉求。

（2）增加用户信任感。工商银行通过不断提高网上银行和手机银行服务技术，不断开发新的电子银行服务技术，以及对服务系统的不断更新，使得交易安全得到了保证，并简化了用户使用网上银行时的技术负担和安全担忧。工商银行对电子银行技术的不断创新提升了用户对网上银行的信任感，并一定程度地降低了用户的感知风险。

（3）不断提升系统质量。工商银行通过加强网站和手机银行APP建设，在发展的10年里，不断对网站进行改版升级，提高了网上银行和手机银行的系统响应速度、交易吞吐量，突出了电子银行服务的人性化和操作的简便化，使业务流程更加符合客户操作习惯，并在网站和APP上提供易懂的使用指南，使得用户可以方便、快捷、高效地进行电子银行交易。网站质量的建设是工商银行电子银行业务发展过程的重点。

（4）提升电子银行服务质量。工商银行为用户提供了全面、高效、个性的客户支持服务。工商银行通过电话银行，在线客户服务支持系统等方式向用户提供使用网上银行方面的客服支持，及时、有效地解决用户在使用网上银行时所遇到的问题，简化了用户操作、增加了用户使用便利性。

（5）加强内部规制度的法规建设。工商银行在从硬件方面强化对电子银行的建设同时，加强了对网上银行服务从业人员的内部软性竞争力建设。通过在全行内部标准化网上银行业务，推广、加强制度法规使得工商银行的电子银行服务具有标准性和科学性，增加了服务的品种，同时提升了用户的信任感。

（6）注重电子银行服务品牌的建设，提升电子银行的社会影响。工商银行在网上银行服务领域最早提出品牌化概念，并致力于其网上银行服务产品的品牌化建设。工商银行确立了“金融 e 通道”作为全面涵盖网上银行、电话银行和手机银行等业务的电子银行整体品牌。经过持续地品牌建设和广告宣传，“金融 e 通道”已逐步成为国内电子银行业中最著名的品牌之一。工商银行电子银行服务品牌的建设，使得在宣传和推广中很好的利用了社会影响的传播作用。

（7）增加用户便利条件。工商银行通过网站用户指南、营业厅网上银行展示区建设、服务系统平台升级、加大客户服务支持、简化用户操作等方式，增加了用户使用电子银行的便利性。

通过本节案例分析，工商银行电子银行服务发展中所采取战略和措施都是围绕增加电子银行的有用性，使得用户可以更快捷、方便、简单地使用电子银行，即增加电子银行使用的易用性，增加用户的信任感，加强客户服务建设和网站 /APP 质量建设，增加社会正向影响，为用户提供使用电子银行服务的便利条件等方面进行。通过对工商银行电子银行的实例分析，进一步对本书的理论研究模型进行了验证，反映了本书的理论模型就有实践的指导意义。

6.4　本章小结

本章通过选择电子银行服务作为典型的电子服务进行分析，通过对电子银行行业发展情况的概述分析，选取工商银行电子银行服务作为电子服务成功实施的案例进行分析研究。通过对工商银行电子银行发展过程的梳理和分析，总结了决定工商银行电子银行取得成功的 6 点关键措施。

通过对工商银行发展的深入分析，研究发现，工商银行电子银行服务所进行的发展措施的宗旨是围绕本书所提出的用户对电子服务使用行为意愿的变量所进行。通过对工商银行电子银行成功实施的案例研究，验证了本书论证的互联网和移动互联网环境下电子服务用户使用行为研究模型和结论。

第 7 章　研究贡献与展望

本书是针对互联网和移动互联网情境下用户对电子服务接受使用行为的研究，使用了文献研究法、实证分析法和案例研究分析，以研究用户对电子服务的使用意愿和个人感知的前置影响因素为目的，并结合企业实例进行分析，具有一定的理论研究意义和实践指导意义。

本章是对本书的最后总结，共 3 节。第 1 节总结本书的理论贡献意义，第 2 节分析本书的实践意义，第 3 节是对未来研究的展望。

7.1　研究的理论贡献

本书以电子服务作为研究对象，以研究用户对电子服务使用行为和影响用户个人感知的前因变量为主要研究目的。电子服务作为随着互联网兴起而产生的服务形式，具有信息技术特征和服务特征的双重性质。对电子服务接受行为的研究是对信息技术研究的一种扩展，是技术接受研究在互联网服务领域的应用。以往关于用户使用行为的研究主要是关注各影响因素对行为意愿的影响以及主要关注个人感知因素的影响，对前置影响因素的研究不多。本书以研究前因变量对个人感知变量的影响为重点，对以往用户接受行为研究的不足进行弥补和探索。

本书的主要理论贡献如下。

（1）提出并验证电子服务用户使用模型。本书以互联网和移动互联网为研究情境，综合分析电子服务的技术特性、服务特性和网络特性，结合网络情境下用户群体的特征，通过文献研究、实证分析、案例分析的研究方法，提出并检验了电子服务用户使用模型。本书提出的理论模型，具有严谨的理论支撑和较高的解释力，弥补了关于电子服务研究领域中缺乏用户接受使用行为理论模型的空白。

（2）研究了用户使用电子服务行为意愿的影响因素。本书根据网络情境的特殊性以及电子服务的技术性和服务性，对影响用户接受电子服务的因素进行探索分析，并进行了实证检验。根据实证检验的数据结果和严谨的理论分析，本书提出由感知有用性和感知易用性所影响的态度变量、社会影响变量、便利条件变量和用户信任感变量会正向显著的影响用户对电子服务的使用行为意愿；而用户感知风险变量并不会对用户对电子服务使用行为意愿产生显著的影响。

（3）研究了影响用户对电子服务个人感知的前因变量。本书根据对以往文献的研究以及对现实状况的分析，对影响用户对电子服务个人感知的前因变量进行理论研究和实证分析。在本书中主要提出电子服务质量（其中包括系统质量、服务质量、信息质量）、社会影响、便利条件和自我效能作为影响用户感知的前因变量，通过结构方程的分析方法检验了各前因变量对个人感知变量的影响关系，并取得了对个人感知变量方差变量很好的解释力。在以往的相关研究中，主要以用户个人感知变量对行为意愿的影响研究为主，前因变量的研究一直受到忽略。本书对影响用户对电子服务个人感知的前因变量研究，弥补了这一领域的空白，并对其他用户接受研究领域中前因变量的研究起到了指导作用。

（4）用企业实际案例对理论模型进行了验证分析。本书通过对中国工商银行电子银行的发展和经营策略进行细致的研究与分析，总结出决定工商银行网上银行服务业务取得成功的主要经营措施，提取出决定工商银行网上银行取得成功的重要影响因素，并与本书的理论模型和相关变量进行了比对分析。本书使用成功的企业实际案例对本书的理论模型和研究结论进行了验证，弥补了以往研究中只注重理论分析和实证研究，对现实应用的探索较少的研究不足。

7.2　研究的实践意义

本节通过分析所得到的理论研究成果，对理论研究成果在实践应用中的意义进行探讨。电子服务是伴随信息技术和网络技术所产生的一种服务形式，在面对日益繁荣的互联网和移动互联网发展、迅速增长的电子商务、不断推广的电子政务的形势下，电子服务的发展和推广有着重要的现实意义。电子服务不仅是对电子商务和电子政务等互联网活动的支持，也是企业服务模式和商务模式的拓展。企业和组织通过电子服务可以降低运营成本、减少人力支出、扩大用户群体、提升组织形象、发展新的竞争优势等。

本书关于用户对电子服务使用行为的研究，对企业与组织发展和推广电子服务、了解用户行为特征具有实践指导意义。根据本书的理论研究成果，作者对企业与组织发展和推广电子服务提出以下建议。

（1）加强电子服务的使用便利性建设和宣传。影响用户使用电子服务的一个重要因素是用户对电子服务的感知有用性。用户在使用电子服务时，认为对其有用性的一个重要判断就是能够为用户带来便利性。用户认为通过使用电子服务可以摆脱时间和空间的限制，节省体力成本和时间成本。便利性是电子服务感知有用性的核心。企业和组织在推广电子服务时，既要考虑用户对便利性的需求，又要通过宣传和引导使得用户能够对此了解。

（2）丰富和优化电子服务的业务。用户在使用电子服务时，认为对其有用性的另一个重要判断就是能够为用户带来功能有用性，即可以满足用户的多种服务需求，给其带来丰富而优质的服务。便利性是吸引用户使用电子服务的一项感知有用性。随着网络经济的不断发展，网络活动被越来越多的用户所接受。用户对电子服务的有用性诉求会从便利性转化为功能性。丰富和优化企业所提供的电子服务业务是企业在未来发展和推广电子服务，赢取用户群体，形成竞争优势的重要关键。

（3）加强网站 /APP 建设，优化技术支持。组织的网站和移动客户端 APP 是组织向用户提供电子服务的平台和媒介。用户通过访问组织的电子服务网站 /APP，在网站进行相关自助操作完成对电子服务的使用。网站的建设对企业的电子服务发展至关重要。企业和组织要通过使用科学和先进的技术对网站 /APP 进行优化建设，建立页面亲和、界面友好、信息及时准确、响应速度快、技术支持完善的电子服务网站 /APP，增加用户的感知易用性，进而促进用户对企业所提供的电子服务的使用。

（4）加强和优化客户支持服务。用户在使用电子服务时，主要是一种自助服务。这使得用户面临着一些技术操作问题，并具有与服务提供者相隔离的感知。企业通过加强和优化对使用者的客户支持服务，为其提供及时、准确的技术支持，解决用户在使用电子服务中所遇到的问题，可以帮助用户提升使用电子服务的感知易用性，进而促进用户对电子服务的使用。

（5）保障用户在使用电子服务时的技术、资源可获性和兼容性。本书发现便利条件是影响用户使用行为意愿、用户信任感、感知有用性和感知易用性的一个重要影响因素。企业在发展和推广电子服务时，要注意使其电子服务所需的技术、软 / 硬件资源尽量与用户已有的技术和资源相兼容，并加强其可获性，使用户可以比较容易地获取。

（6）加强关于对电子服务的社会宣传和口碑影响。本书发现社会影响变量是影响用户使用行为意愿、用户信任感、感知有用性和感知易用性的一个重要影响因素。企业在发展和推广电子服务时通过加强关于提供电子服务的宣传，包括功能宣传、使用宣传、企业实力宣传、技术宣传、价值宣传等，以及推广服务的正面口碑评价可以加强用户对此电子服务的感知有用性、感知易用性和信任感，促进用户对其的使用。

（7）加强企业形象建设。本书发现信任感是影响用户使用行为意愿的一个重要影响因素。企业通过提升公众形象、技术实力、诚实负责的态度加强企业的形象，可以提升用户对企业和企业所提供服务的信任感，促进对电子服务的使用意愿。

7.3 研究展望

本节根据本书研究的理论贡献、实践意义以及研究中所存在的局限和不足，对未来关于电子服务的研究提出以下展望。

（1）以用户对电子服务使用的后续问题进行研究，包括用户对所使用电子服务的忠诚度研究，用户对电子服务的满意感研究等。

（2）根据电子服务的不同种类对用户的电子服务使用行为进行研究。根据文献研究和分析，电子服务包括客户支持类型、信息咨询类型和功能交易类型。不同类型的电子服务具有相同的特性，也具有不同的特质。在未来的研究中，研究者可以根据各类电子服务的特征，对电子服务进行细分研究。

（3）以企业或组织用户为调查对象进行电子服务使用行为的研究。本书是以个人用户作为研究对象的。在电子服务发展和推广中，企业和组织是使用电子服务的重要客户。在未来的研究中，以企业或者组织单位作为研究对象，进行关于电子服务使用的研究对于电子服务提供者具有重大的意义和帮助。

参考文献

[1] 侯杰泰，等．结构方程模型及其应用［M］．北京：教育科学出版社，2004.

[2] 彭澎，魏锡华．电子服务：互联网的第三次浪潮［J］．理论与改革，2009(6): 95-97.

[3] 孙振耀．电子化服务——网络时代的下一章［J］．中国信息导报 ,2000(3):35-36.

[4] 钱斌．工商银行手机银行：为打造第一个人金融银行赋能［J］．中国信用卡 ,2019(9)：9-13.

[5] Ahmad S. Service Failures and Customer Defection: A Closer Look at Online Shopping Experiences［J］. Managing Service Quality, 2002, 12(1): 19-29.

[6] Ahn T，Seewon R，Ingoo H. The Impact of the Online and Offline Features on the User Acceptance of Internet Shopping Malls［J］. Electronic Commerce Research and Applications, 2004, 3(4):405-420.

[7] Ajzen I.From Intention to Action: A Theory of Planned Behavior, Action Control: From Cognition to Behavior［M］.New York:Springer Verlag, 1985: 11-39.

[8] Ajzen I. The Theory of Planned Behavior［J］. Organizational Behavior and Human Decision Processes, 1991, 50(2):179-211.

[9] Anderson J C, Narus J A. A Model of Distributor Firm and Manufacturer Firm Working Partnerships［J］. Journal of Marketing, 1990, 54 (1): 42-58.

[10] águila-Obra, Ana Rosa Del, Padilla-Meléndez, Antonio, Al-Dweeri R M O O . The Influence of Electronic Service Quality on Loyalty in Postal Services: the Mediating Role of Satisfaction［J］. Total Quality Management & Business Excellence, 2013, 24(9-10):1111-1123.

[11] Babakus E, Boller G W. An Empirical Assessment of the Serqual Scale [J] .Journal of Business Research, 1992, 24(3): 253-268.

[12] Bandura A. Social Foundations of Thought and Action: A Social Cognitive Theory [M] . Englewood Cliffs, NJ : Prentice Hall, Englewood, 1986.

[13] Barnes S J, Vidgen R T. WebQual: An Exploration of Web Site Quality [J] . Proceedings of the English European Conference on Information Systems, 2000(1): 298-305.

[14] Barnes S J, Vidgen R T. An Integrative Approach to the Assessment of E-commerce Quality [J] . Journal of Electronic Commerce Research, 2002, 3(3): 114-127.

[15] Bauer R. Consumer Behavior As Risk Taking. In: Cox, D. (Ed.), Risk Taking and Information Handling in Consumer Behavior [M] . Boston, MA: Harvard University Press, 1967.

[16] Bellman S, Lohse G, Johnson E. Predictors of Online Buying Behavior [J] . Communications of the ACM , 1999,42 (12): 32-38.

[17] Berardi D，et al. A Foundational Vision of E-services, Proceedings of Web Services, E-business, and the Semantic Web, Second International Workshop [C] . Klagenfurt, Austria：WES 2003，2003a：28-40.

[18] Berardi D, et al. Reasoning About Actions for E-service Composition [C] . In ICAPS 2003 Workshop on Planning for Web Services. Trento, Italy, 2003b.

[19] Bienstock C C. Measuring Physical Distribution Service Quality [J] . Journal of the Academy of Marketing Science , 1997, 25(1): 31-44.

[20] Bitner M J.，Brown S W, Meuter M L. Technology Infusion in Service Encounters [J] . Journal of the Academy of Marketing Science, 2000,28 (1): 138-149.

[21] Bobbitt L M, Dabholkar P A. Integrating Attitudinal Theories to Understand and Predict Use of Technology-based Self-service: The Internet As an Illustration [J] . International Journal of Service Industry Management, 2001, 12(5): 423-451.

[22] Boyer K K, Hallowell R, Roth A V. E-services: Operations Strategy- a Case Study and A Method Foranalyzing Operational Benefits [J] .Journal of Operations Management, 2002, 20(2): 175-188.

[23] Brown T, Churchill G, Peter J P. Improving the Measurement of Service Quality [J] . Journal of Retailing, 1993, 69(1): 127-139.

[24] Cao M, Zhang Q Y, Seydel J. B2C E-commerce Web Site Quality: An Empirical Examination [J] . Industrial Management & Data Systems, 2005, 105(5): 645-661.

[25] Case A S. Perceived Risk and Risk-reduction Strategies in Internet Shopping [J] . The International Review of Retail, Distribution and Consumer Research, 2002, 12(4):375-394.

[26] Chin W W , Lee M K O. A Proposed Model and Measurement Instrument For the Formation of Satisfaction: the Case of End-user Computing Satisfaction [C] // Proceedings of the Twenty First International Conference on Information Systems. DBLP, 2000.

[27] Cheng X, Fu S, Sun J, et al. An Investigation on Online Reviews in Sharing Economy Driven Hospitality Platforms: A Viewpoint of Trust [J] . Tourism Management. 2019.

[28] Compeau D R, Higgins C A. Application of Social CognitiveTheoryto Trainingfor Computer Skills [J] . Information Systems Research, 1995a, 6(2): 118-143.

[29] Compeau D R, Higgins C A. Computer Self-Efficacy: Development of a Measure and InitialTest [J] . MIS Quarterly , 1995b,19(2):189-211.

[30] Compeau D R, Higgins C A, Huff S. Social Cognitive Theoryand Individual Reactions to Computing Technology:A Longitudinal Study [J] . MIS Quarterly, 1999,23(2): 145-158.

[31] Corbitt B, Thanasankit T, Yi H. Trust and E-commerce: A Study of Consumer Perceptions [J] . Electronic Commerce Research and Applications, 2003, 2(3): 203-215.

[32] Cox J, Dale B G. Key Quality Factors in Web Site Design Use: An Examination [J] . International Journal of Quality and Reliability Management, 2002, 19(7): 862-888.

[33] Cronin J J , Brady M K , Hult G T M . Assessing the Effects of Quality, Value, and Customer Satisfaction on Consumer Behavioral Intentions in Service Environments [J] . Journal of Retailing, 2000, 76(2):193-218.

[34] Cronin J J. Taylor S A. Measuring Service Quality: A Reexamination and Extension [J] . Journal of Marketing, 1992, 56(3): 55-68.

[35] Cronin J J , Taylor S A . Servperf Versus Servqual: Reconciling Performance-Based

and Perceptions-Minus-Expectations Measurement of Service Quality [J] . Journal of Marketing, 1994, 58(1):125-131.

[36] Cunningham S. The Major Dimensions of Perceived Risk. In: D. Cox (Ed.), Risk Taking and Information Handling in Consumer Behavior [M] . Cambridge, MA: Harvard University Press, 1967.

[37] Dabholkar P A, Shepherd C D, Thorpe D I. A Comprehensive Framework for Service Quality: An Investigation of Critical Conceptual and Measurement Issues Through a Longitudinal Study [J] . Journal of Retailing, 2000, 76(2):131-139.

[38] Dabholkar P A, Thorpe D I, Rentz J O. A Measure of Service Quality For Retailing Stores: Scale Development and Validation [J] . Journal of the Academy of Marketing Science , 1996, 24(1):3-16.

[39] Davis F D,Venkatesh V. Toward Preprototype User Acceptance Resting Of New Information Systems: Implications For Software Project Management [J] . Engineering Management , 2004,51(1): 31-46.

[40] Davis F D, Bagozzi R P, Warshaw P R. User Acceptance of Computer Technology: A Comparison of Two Theoretical Models [J] . Management Science, 1989, 35(8): 982-1002.

[41] Davis F D. Perceived Usefulness, Perceived Ease of Use, and User Acceptance of Information Technology [J] . MIS Quarterly, 1989, 13(3): 319-339.

[42] De Ruyter K , Wetzels M , Kleijnen M . Customer Adoption of E - service: An Experimental Study [J] . International Journal of Service Industry Management, 2001, 12(2):184-207.

[43] Delone W H , Mclean E R . Information Systems Success: The Quest for the Dependent Variable [J] . Information Systems Research, 1992, 3(1):60-95.

[44] DeLone W H , McLean E R. The DeLone and McLean Model of Information Systemssuccess: A Ten-year Update [J] . Journal of Management Information Systems,2003, 19: 9-30.

[45] Dinev T , Hart P . Privacy Concerns and Levels of Information Exchange: An Empirical Investigation of Intended E-Services Use [J] . E-Service Journal, 2006, 4(3):25-59.

[46] Patricia M, Doney, et al. Understanding the Influence of National Culture on the

Development of Trust [J] . The Academy of Management Review, 1998.

[47] Doney P M , Cannon J P . An Examination of the Nature of Trust in Buyer-Seller Relationships [J] . Journal of Marketing, 1997, 61(2):35-51.

[48] Dowling G R , Staelin R . A Model of Perceived Risk and Intended Risk-Handling Activity [J] . Journal of Consumer Research, 1994, 21(1):119.

[49] Dyke T P V , Prybutok K V R . Measuring Information Systems Service Quality: Concerns on the Use of the Servqual Questionnaire [J] . MIS Quarterly, 1997, 21(2):195-208.

[50] Featherman M S , Pavlou P A . Predicting E-Services Adoption: A Perceived Risk Facets Perspective [J] . International Journal of Human-Computer Studies, 2003, 59(4):451-474.

[51] Fishbein M, Ajzen I. Belief, Attitude, Intention and Behavior: An Introduction to Theory and Research [M] . MA:Addison-Wesley Reading,1975:288.

[52] Fornell C , Larcker D F . Evaluating Structural Equation Models with Unobservable Variables and Measurement Error [J] . Journal of Marketing Research, 1981, 18(1):39-50.

[53] Forsythe S M , Shi B . Consumer Patronage and Risk Perceptions in Internet Shopping [J] . Journal of Business Research, 2003, 56(11):867-875.

[54] Ganesan S. Determinants of Long-term Orientation Buyer-seller Relationship [J] . Journal of Marketing , 1994, 58(1): 1-19.

[55] Gefen D , Straub D W . Consumer trust in B2C E-Commerce and the Importance of Social Presence: Experiments in E-Products and E-Services [J] . Omega, 2004, 32(6): 407-424.

[56] Gefen D , Straub D W . Gender Differences in Perception and Adoption of Email: An Extension to the Technological Acceptance Model [J] . MIS Quarterly,1997, 21 (4):389-400.

[57] Gefen D , Straub D W . Managing User Trust in B2C E-Service [J] . E-Service Journal, 2003, 1(2), 2003:7-24.

[58] Gefen D , Straub D W . The Relative Importance of Perceived Ease-of-use in is Adoption: A Study of E-commerce Adoption [J] . Journal of the Association for Information System, 2000, 1(8): 1-30.

[59] Gefen D. Customer Loyalty in E-commerce [J] . Journal of the Association for Information System , 2002b, 3(1): 27-51.

[60] Gefen D. E-commerce: The Role of Familiarity and Trust [J] . Omega: The International Journal of Management Science, 2000, 28(6):725-737.

[61] Gefen D, Karahanna E, Straub D. Trust and TAM in Online Shopping: An Integrated Model [J] .MIS Quarterly, 2003b, 27(1):51-90.

[62] Gefen D, Karahanna E, Straub D W. Inexperience and Experience with Online Stores: The Importance of TAM and Trust [J] . IEEE Transactions on Engineering Management, 2000a, 50(3):307-321.

[63] Gefen D. Nurturing Clients' Trust to Encourage Encouragement Success during the Customization of ERP System, Omega [J] . The International Journal of Management Science, 2002c, 30(4):287-299.

[64] Gefen D. Reflections on the Dimensions of Trust and Trustworthiness Among Online Consumers [J] . The Data Base for Advances in Information Systems , 2002a, 33(3): 38-53.

[65] Grönroos C. A Service Quality Model and Its Market Implication [J] . European Journal of Marketing, 1984,18 (4): 36-44.

[66] Grönroos C. Strategic Management and Marketing in the Service Sector [M] . Cambridge, MA: Marketing Science Institute, 1982.

[67] Hair J F, Anderson Jr R E, Tatham R L, Black W C. Muiltivariate Data Analysis 5th ed [M] . Upper Saddle River, NJ: Prentice Hall, 1998: 490-494.

[68] Harris L C, Goode M M H. The Four Levels of Loyalty and the Pivotal Role of Trust: A Study of Online Service Dynamics [J] . Journal of Retailing, 2004, 80(2):139-158.

[69] Harriso D A, Mykytyn P P , Riemenschneider C K. Executive Decisions About Adoption of Information Technology in Small Business:Theoryand Empirical Tests [J] . Information Systems Research, 1997,8(2):171-195.

[70] Hart P, Saunders C. Power and Trust: Critical Factors in the Adoption and User of Electronic Data Interchange [J] . Organizational Science , 1997,8(1):23-42.

[71] Hitt L, Frei F. Do Better Customers Utilize Electronic Distribution Channels? The Case of Pcbanking [J] . Management Science,, 2002, 48:732-748.

[72] Hoffman D L , Novak T P . Marketing in Hypermedia Computer-Mediated Environments: Conceptual Foundations [J] . Journal of Marketing, 1996, 60(3): 50-68.

[73] Hong W, Thong J Y L , Wong W M , et al. Determinants of User Acceptance of Digital Libraries: An Empirical Examination of Individual Differences and System Characteristics [J] . Journal of Management Information Systems, 2001, 18(3): 97-124.

[74] Hosmer L T . Trust: The Connecting Link between Organizational Theory and Philosophical Ethics [J] . The Academy of Management Review, 1995, 20(2): 379-403.

[75] Hu P J , Chau P Y K , Sheng O R L , et al. Examining the Technology Acceptance Model Using Physician Acceptance of Telemedicine Technology [J] . Journal of Management Information Systems, 1999, 16(2):91-112.

[76] Iwaarden J V , Wiele T V D , Ball L , et al. Perceptions About the Quality of Web Sites: A Survey Amongst Students At Northeastern University and Erasmus University [J] . Information & Management, 2004, 41(8): 947-959.

[77] Jarvenpaa S L , Knoll K , Leidner D E . Is Anybody Out There? Antecedents of Trust in Global Virtual Teams [J] . Journal of Management Information Systems, 1998, 14(4):29-64.

[78] Jarvenpaa S L , Tractinsky N , Saarinen L . Consumer Trust in an Internet Store: A Cross-Cultural Validation [J] . Journal of Computer-Mediated Communication, 1999, 5(2).

[79] Jarvenpaa S L , Tractinsky N , Vitale M . Consumer Trust in an Internet Store [J] . Information Technology and Management, 2000, 1(1-2):45-71.

[80] Jayawardhena, Chanaka. Personal Values' Influence on E - shopping Attitude and Behaviour [J] . Internet Research, 2004, 14(2):127-138.

[81] Johnson R D , Marakas G M . Research Report: The Role of Behavioral Modeling in Computer Skills Acquisition: Toward Refinement of the Model [J] . Information Systems Research, 2000, 11.

[82] Kalakota R, Whinston A B. Electronic Commerce: A Manager's Guide [M] . Boston:Addison-Wesley Longman Publishing Co, 1997.

[83] Kaplan L B , Szybillo G J , Jacoby J .Components of Perceived Risk in Product Purchase: A Cross-validation [J] . Journal of Applied Psychology, 1974, 59(3): 287-291.

[84] Kim N, Kim W. Do Your Social Media Lead You to Make Social Deal Purchases? Consumer-generated Social Referrals for Sales Via Social Commerce [J] . International Journal of Information Management, 2018, 39(4):38-48.

[85] Kumar N. The Power of Trust in Manufacturer-retailer Relationships [J] . Harvard Business Review, 1996,74(6): 92-106.

[86] Kumar N , Scheer L K , Steenkamp J B E M . The Effects of Perceived Interdependence on Dealer Attitudes [J] . Journal of Marketing Research, 1995, 32(3):348-356.

[87] Laroche M , Yang Z , Mcdougall G H G , et al. Internet Versus Bricks-and-Mortar Retailers: An Investigation Into Intangibility and Its consequences [J] . Journal of Retailing, 2005, 81(4):251-267.

[88] Lee M C . Factors Influencing the Adoption of Internet Banking: An Integration of TAM and TPB with Perceived Risk and Perceived Benefit [J] . Electronic Commerce Research and Applications, 2009, 8(3):130-141.

[89] Lee M K O, Turban E. A Trust Model for Consumer Internet Shopping [J] . International Journal of Electronic Commerce, 2001, 6(1):75-91.

[90] Lennon R , Harris J . Customer Service On the Web: A Cross-industry Investigation [J] . Journal of Targeting, Measurement and Analysis for Marketing, 2002, 10(4):325-338.

[91] Long M , Mcmellon C . Exploring the Determinants of Retail Service Quality on the Internet [J] . Journal of Services Marketing, 2004:1022.

[92] Luarn P, Lin H H. A Customer Loyalty Model for E-Service Context [J] . Journal of Electronic Commerce Research, 2003, 4(4):156-167.

[93] Mathieson K . Predicting User Intentions: Comparing the Technology Acceptance Model with the Theory of Planned Behavior [J] . Information Systems Research, 1991, 2(3):173-191.

[94] Mattila A. Relationship Between Seamless Use Experience, Customer Satisfaction and Recommendation [J] . Problems and Perspectives in Management, 2005

(1):96-108.

［95］ Mayer R C, Davis J H, Schoorman F D. An Integrative Model of Organizational Trust［J］. Academy of Management Review, 1995, 20(3): 709-734.

［96］ McAllister D J. Affect and Cognition-based Trust As Foundations for Interpersonal Cooperation in Organizations［J］. Academy of Management Journal, 1995(38): 24-59.

［97］ McCole P, Palmer A. Transaction Frequency and Trust in Internet Buying Behavior［J］. Irish Marketing Review , 2000,15(2): 35-50.

［98］ Mcknight D H , Cummings L L , Chervany N L . Initial Trust Formation in New Organizational Relationships.［J］. Academy of Management Review, 1998, 23(3):473-490.

［99］ McKnight D H, Norman L C. What Trust Means in E-commerce on Customer Relationships: An Interdisciplinary Conceptual Typology［J］. International Journal of Electronic Commerce ,2002. 6(2):35-59.

［100］ McKnight D H , Choudhurry V, Kacmar C. Developing and Validating Trust Measure for E-commerce: An Integrative Typology［J］. Information Systems Research , 2002a, 13(3): 334-359.

［101］ McKnight D H , Choudhurry V, Kacmar C. Dispositional Trust and Distrust Distinctions in Predicting High-and Low-risk Internet Expert Advice Site Perceptons［J］. E-Service Journal, 2004, 3(2):35-58.

［102］ McKnight D H , Choudhurry V, Kacmar C. Impact of Initial Consumer Trust on Intentions to Transact with A Web Site: A Trust Building Model［J］. Strategic Information System , 2002b,11(3/4):297-323.

［103］ Mitra K , Reiss M C , Capella L M . An Examination of Perceived Risk, Information Search and Behavioral Intentions in Search, Experience and Credence Services［J］. Journal of Services Marketing, 1999, 13(3):208-228.

［104］ Moore G C , Benbasat I . Development of an Instrument to Measure the Perceptions of Adopting an Information Technology Innovation［J］. Information Systems Research, 1991, 2(3):192-222.

［105］ Moorman C, Deshpande R, Zaltman G. Factors Affecting Trust in Marketing Research Relationships［J］. Journal of Marketing ,1993,57(1):81-93.

[106] Moorman C, Zaltman G, Deshpande R. Relationships Between Providers and Users of Marketing Research: The Dynamics of Trust Within and Between Organizations [J] . Journal of Marketing Research, 1992, 29(3): 314-318.

[107] Morgan R M, Hunt S D. The Commitment-trust Theory of Relationship Marketing [J] . Journal of Marketing, 1994,58 (3): 20-38.

[108] O'Neill, Martin, Wright C , Palmer A . Disconfirming User Expectations of the Online Service Experience: Inferred Versus Direct Disconfirmation Modeling [J] . Internet Research, 2003, 13(4):281-296.

[109] Oliver R L . A Cognitive Model of the Antecedents and Consequences of Satisfaction Decisions [J] . Journal of Marketing Research, 1980, 17(4):460-469.

[110] Orlikowski W J, Iacono S. Desperately Seeking the IT in IT Research: A Call to Theorizing the IT Artifact [J] . Information Systems Research ,2001,12 (2): 121-134.

[111] Paese P W, Sniezek J A. Influences on the Appropriateness of Confidence in Judgment: Practice, Effects, Information, and Decision-making [J] . Organizational Behavior and Human Decision Processes, 1991, 48(1):100-130.

[112] Page T J, Spreng R A. Difference Scores Versus Direct Effects in Service Quality Measurement [J] . Journal of Service Research, 2002, 4(3):183-192.

[113] Parasuraman A, Zeithaml V A, Malhortra A. E-S-QUAL: A Multiple-item Scale for Assessing Electronic Service Quality [J] . Journal of Service Research , 2005,7(3):213-233.

[114] Parasuraman A, Zeithaml V A, Berry LL. Servqual: A Multiple-item Scale for Measuring Consumer Perceptions of Service Quality [J] . Journal of Retailing, 1988 (64):12-40.

[115] Parasuraman A , Zeithaml V A , Berry L L . Alternative Scales for Measuring Service Quality: A Comparative Assessment Based on Psychometric and Diagnostic Criteria [J] . Journal of Retailing, 1994, 70(3):201-230.

[116] Parasuraman A , Zeithaml V A , Berry L L . A Conceptual Model of Service Quality and Its Implications for Future Research [J] . Journal of Marketing, 1985, 49(4):41-50.

[117] Parasuraman A, Zeithaml V A, Malhortra A. E-S-QUAL: A Multiple-item Scale for

Assessing Electronic Service Quality [J] . Journal of Service Research , 2005,7(3): 213-233.

[118] Pavlou P A, Gefen D. Building Effective Online Marketplace with Institution-based Trust [J] . Information System Research, 2004, 15(1):37-59.

[119] Pavlou P A. Consumer Acceptance of Electronic Commerce: Integrating Trust and Risk with the Technology Acceptance Model [J] . International Journal of Electronic Commerce, 2003, 3(3):101-134.

[120] Peter J P , Ryan M J . An Investigation of Perceived Risk at the Brand Level [J] . Journal of Marketing Research, 1976, 13(2):184-188.

[121] Peter J P , Churchill G A , Brown T J . Caution in the Use of Difference Scores in Consumer Research [J] . Journal of Consumer Research, 1993, 19(4):655-662.

[122] Plouffe C R , Vandenbosch H M . Research Report: Richness Versus Parsimony in Modeling Technology Adoption Decisions—Understanding Merchant Adoption of A Smart Card-Based Payment System [J] . Information Systems Research, 2001, 12(2):208-222.

[123] Reichheld F F, Markey R G, Hopton C. E-customer Loyalty: Applying the Traditonal Rules of business for Online Success [J] . European Business Journal , 2000, 12(4):173-180.

[124] Reynolds J. E-commerce: a critical review [J] . International Journal of Retail and Distribution Management, 2000, 28(10):417-461.

[125] Roca J C, et al. The Importance of Perceived Trust, Security and Privacy in Online Trading Systems [J] . Information Management & Computer Security , 2009, 17 (2): 96-113.

[126] Rodgers W , Negash S , Suk K . The Moderating Effect of On-line Experience on the Antecedents and Consequences of On-line Satisfaction [J] . Psychology & Marketing, 2005, 22(4):313-331.

[127] Rogers E. Diffusion of Innovations [M] . New York :Free Press, 1995.

[128] Rogers E, Shoemaker F F. Com-munication of Innovations: A Cross-Cultural Approach [M] . New York :Free Press, 1971.

[129] Roland T R, Kannan P K. E-Service: A New Paradigm for Business in the Electronic Environment [J] . Communications of the ACM, 2003，46 (6):36-42.

[130] Roselius R. Consumer Rankings of Risk Reduction Methods [J] . Journal of Marketing, 1971, 35 (1): 56-61.

[131] Rousseau D M, Sitikin S B, Burt R S, Camerer C. Not So Different After All: A Cross-discipline View of Trust [J] . Academy of Management Review , 1998, 23(3), 1998: 393-404.

[132] Rowley J. An Analysis of the E-service Literature: Towards A Research Agenda [J] . Internet Research, 2006,16(3):339-359.

[133] Rust R T, Lemon K N. E-service and the Consumer [J] . International Journal of Electronic Commerce, 2001,5 (3): 83-99.

[134] Ruyter K D, Moorman L, Lemmink J.Antecedents of Commitment and Trust in Customer-Supplier Relationships in High Technology Markets [J] . Industrial Marketing Management, 2001,30(3):271-286.

[135] Ruyter K , Wetzels M , Kleijnen M . Customer Adoption of E - service: An Experimental Study [J] . International Journal of Service Industry Management, 2001, 12(2):184-207.

[136] Saeed K A, Hwang Y, Yi M Y. Toward an Integrative Framework for Online Consumer Behavior Research: A Meta-Analysis Approach [J] . Journal of End User Computing, 2003, 15 (4):1-26.

[137] Sahai A. Machiraju V. Enabling of the Ubiquitous E-Service Vision on the Internet [J] . E-Service Journal, 2001,1 (1):5-21.

[138] Schurr P H, Ozanne J L. Influences on Exchange Processes: Buyers' Preconceptions of a Seller's Trustworthiness and Bargaining Toughness [J] . Journal of Consumer Research , 1985,11(4): 939-953.

[139] Sharma S K , Sharma M . Examining the Role of Trust and Quality Dimensions in the Actual Usage of Mobile Banking Services: An Empirical Investigation [J] . International Journal of Information Management, 2019, 44:65-75.

[140] Singh M. E-services and Their Role in B2C E-commerce [J] . Managing Service Quality , 2002,12(6): 434-446.

[141] Sullivan J R, Walstrom K A. Consumer Perspectives on Service Quality of Electronic Commerce Web Sites [J] . Journal of Computer Information Systems, 2001,41 (3):8-14.

[142] Surjadjaja H , Ghosh S , Antony J . Determining and Assessing the Determinants of E-service Operations [J] . Managing Service Quality, 2003, 13(1):39-53.

[143] Tan F B, Sutherland P. Online Consumer Trust: A Multi-dimensional Model [J] . Journal of Electronic Commerce in Organizations , 2004, 2(3):40-58.

[144] Taylor S, Todd P A. Understanding Information Technology Usage: A Test of Competing Models [J] . Information Systems Research , 1995b, 6(4):144-176.

[145] Taylor S, Todd P A.Assessing It Usage: The Role of Prior Experience [J] . MIS Quarterly, 1995a, 19(2):561-570.

[146] Taylor S , Todd P . Decomposition and Crossover Effects in the Theory of Planned Behavior: A Study of Consumer Adoption intentions [J] . International Journal of Research in Marketing, 1995, 12(2):137-155.

[147] Teas R K. Expectations a Comparison Standard in Measuring Service Quality: An Assessment of a Reassessment [J] . Journal of Marketing , 1994,58(1): 132-139.

[148] Teas R K. Expectations, Performance Evaluation, and Consumers' Perceptions of Quality [J] . Journal of Marketing, 1993, 57(4)： 18-34.

[149] Thompson R L , Higgins C A , Howell J M . Influence of Experience on Personal Computer Utilization: Testing a Conceptual Model [J] . Journal of Management Information Systems, 1994, 11(1):167-187.

[150] Thompson R L , Howell H J M . Personal Computing: Toward a Conceptual Model of Utilization [J] . MIS Quarterly, 1991, 15(1):125-143.

[151] Tornatzky L G, Klein K J. Innovation Characteristicsand Innovation Adoption Implementation:A Meta-Analysisof Findings [C] , IEEE Transactionson Engineering Management, 1982, 29(1)： 28-45.

[152] Tse D K , Wilton P C . Models of Consumer Satisfaction Formation: An Extension [J] . Journal of Marketing Research, 1988, 25(2):204-212.

[153] Ueltschy L C , Krampf R F , Yannopoulos P . A Cross - National Study of Perceived Consumer Risk Towards Online (Internet) Purchasing [J] . Multinational Business Review, 2004, 12(2):59-82.

[154] Venkatesh V,Davis F D . A Theoretical Extension of the Technology Acceptance Model: Four Longitudinal Field Studies [J] . Management Science, 2000, 46(2):186-204

[155] Venkatesh V, Morris M G, et al. User Acceptance of Information Technology: Toward a Unified View [J] . MIS Quarterly , 2003, 27(3):425-478.

[156] Voss C A. Rethinking Paradigms of Service: Service in A Virtual environment [J] . International Journal of Operations & Production Management , 2003,23(1): 88-104.

[157] Wakefield R J, Stocks M H, Wilder W M. The Role of Web Suite Characteristics in Initial Trust Formation [J] . Journal of Computer Information Systems, 2004, 45(1):94-103.

[158] Webb H W, Webb L A. SiteQual: An Integrated Measure of Web Site Quality [J] . Journal of Enterprise Information Management , 2004,17(6): 430-440.

[159] Wolfinbarger M F, Gilly M C. Shopping Online for Freedom, Control and Fun [J] . California Management Review, 2001, 43 (2): 34-55.

[160] Yang Z, Cai S, Zhou Z. Development and Validation of An Instrument to Measure User Perceived Service Quality of Information Presenting Web Portals [J] . Information and Management, 2005, 42(4): 575-589.

[161] Yang Z , Peterson R T , Huang L . Taking the Pulse of Internet Pharmacies [J] . Marketing Health Services, 2001, 21(2):4-10.

[162] Yang Z , Peterson R T , Cai S . Services Quality Dimensions of Internet retailing: An Exploratory Analysis [J] . Journal of Services Marketing, 2003, 17(7): 685-700.

[163] Zeithaml V A , Parasuraman A , Malhotra A . Service Quality Delivery Through Web Sites: A Critical Review of Extant Knowledge [J] . Journal of the Academy of Marketing Science, 2002, 30(4):362-375.

附　　录

问卷编号____________

问卷分类____________

您好！

这是一份纯学术问卷，目的是了解使用者对电子服务的接受程度。您的宝贵意见对本书十分重要，亦对学术界有莫大的贡献；所有资料仅供统计分析，不会披露您单独的回答，请您放心填答。

填完问卷后，请仔细检查是否有所遗漏，非常感谢您的耐心协助。

请您选择您所使用过的一类电子服务：________；

A：网上银行 / 手机银行　B：电子旅游服务　C：网上客户支持服务　D：都没有使用过

第一部分请您根据如下叙述，选出最符合您对电子服务的看法与感受。请以您上题所选择的电子服务为依据进行回答。

S/N	陈　述	1 绝不同意	2 不同意	3 没意见	4 同意	5 非常同意
	感知有用性					
1.	使用电子服务可以提高我处理相关业务的效率					

续表

S/N	陈　述	1 绝不同意	2 不同意	3 没意见	4 同意	5 非常同意
	感知有用性					
2.	对我来说使用电子服务来处理相关业务会更容易					
3.	使用电子服务处理相关业务非常方便					
4.	我觉得电子服务处理相关业务很有用					
	感知易用性					
1.	学会使用电子服务对我来说很容易					
2.	熟练使用电子服务操作对我来说很容易					
3.	我觉得电子服务很容易使用					
	态度					
1.	我认为使用电子服务是个好主意					
2.	我认为使用电子服务处理相关业务是个明智的选择					
3.	我认为使用电子服务是很愉快的					
4.	我认为值得使用电子服务					
	行为意图					
1.	我会考虑使用电子服务					
2.	我会尽可能地使用电子服务					
3.	比起其他办理相关业务的方式，我更倾向于考虑使用电子服务					
	感知风险—功能风险					
1.	我担心因为网络问题，无法正常使用电子服务					
2.	我担心因为操作系统兼容问题，无法正常使用电子服务					
3.	我担心因为网站维护，无法正常使用电子服务					
4.	我担心电子服务会发生错误					
	感知风险—财务风险					
1.	我担心使用电子服务交易时会因输入错误而产生经济损失					

续表

S/N	陈　述	1 绝不同意	2 不同意	3 没意见	4 同意	5 非常同意
	感知风险—财务风险					
2.	我担心使用电子服务会遭到欺骗或黑客攻击而产生经济损失					
3.	如果使用电子服务发生交易错误，我担心无法得到补偿					
	感知风险—安全风险					
1.	我认为向电子服务网站提供个人信息不是完全安全的					
2.	我担心开通电子服务后，别人可以登录我的电子服务账户					
3.	我认为通过电子服务传递敏感信息是不安全的					
	感知风险—时间风险					
1.	我需要花费很多时间去学习操作电子服务					
2.	使用此电子服务会浪费很多时间去处理交易中的错误					
3.	使用此电子服务的前期准备需要花费很多时间					
	信任—诚实					
1.	电子服务提供商会诚实地对待我					
2.	我感觉电子服务提供企业很诚实					
3.	电子服务企业会信守承诺					
4.	电子服务企业会诚恳地对待我					
	信任—能力					
1.	我所选择的企业有能力提供电子服务					
2.	我所选择的企业提供的电子服务业务非常专业					
3.	我所选择的企业能够很好地提供电子服务业务					
4.	总之，我所选择的企业精通电子服务业务					
	信任—善意					
1.	我相信电子服务会考虑我的利益					
2.	如果需要，电子服务企业会尽力帮助我					
3.	电子服务企业考虑自家利益时也会顾及我的利益					

续表

S/N	陈　　述	1 绝不同意	2 不同意	3 没意见	4 同意	5 非常同意
	服务质量—可及性					
1.	我使用的电子服务的客服电话容易打通					
2.	我所使用的电子服务的邮件很快会收到回复					
3.	办理、咨询电子服务业务很方便					
4.	关于电子服务的沟通很容易					
	服务质量—礼貌					
1.	电子服务客服电话的服务态度很好					
2.	工作人员解释和办理电子服务业务时态度很好					
3.	此电子服务的客户服务的态度很好					
	服务质量—响应					
1.	电子服务电话客服可以迅速地帮我解决所遇到的问题					
2.	我遇到的电子服务的问题通常会很快得到解决					
3.	我反映的电子服务问题，会很快得到处理和解决					
4.	电子服务客户服务的反应速度满足我的要求					
	服务质量—可靠					
1.	电子服务电话客服很专业					
2.	电子服务电话客服给出的解决方案很可信					
3.	介绍和办理电子服务业务的工作人员很专业					
4.	我相信所选择的电子服务商能解决我使用中遇到的问题					
5.	电子服务的客户服务很可信					
	服务质量—安全					
1.	我选择的电子服务企业的服务很可靠					
2.	我选择的电子服务企业有职业操守					
3.	我选择的电子服务不会滥用我的个人信息					
	系统质量—多媒体					
1.	电子服务网站 /APP 的音频运用恰当					
2.	电子服务网站 /APP 的视频运用恰当					

续表

S/N	陈　述	1 绝不同意	2 不同意	3 没意见	4 同意	5 非常同意
系统质量—多媒体						
3.	电子服务网站 /APP 的动画 / 图片运用恰当					
4.	电子服务网站 /APP 的多媒体运用恰当					
系统质量—搜索						
1.	电子服务网站 /APP 有清楚的栏目指引					
2.	电子服务网站 /APP 的链接组织得当					
3.	电子服务网站 /APP 的结构合乎逻辑					
4.	电子服务网站 /APP 的导航容易使用					
5.	电子服务网站 /APP 上有指南资料					
6.	我觉得在电子服务网站 /APP 上能很容易找到我要的信息					
系统质量—响应						
1.	电子服务网站 /APP 的反应速度合乎我的要求					
2.	电子服务网站 /APP 的搜索速度很快					
3.	电子服务网站 /APP 的搜索时间合乎我的要求					
4.	电子服务网站 /APP 的下载速度合乎我的要求					
5.	电子服务网站 /APP 对我的查询响应很及时					
信息质量—准确						
1.	电子服务网站 /APP 上的信息很有用					
2.	电子服务网站 /APP 上的信息很准确					
3.	电子服务网站 /APP 上的信息经常更新					
4.	电子服务网站 /APP 上的信息质量很高					
5.	电子服务网站 /APP 上的信息很及时					
信息质量—实用						
1.	电子服务网站 /APP 上的信息对我很实用					
2.	我能在电子服务网站 /APP 上找到我需要的信息					
3.	电子服务网站 /APP 提供了很多实用的信息					

续表

S/N	陈　述	1 绝不同意	2 不同意	3 没意见	4 同意	5 非常同意
	信息质量—安全					
1.	电子服务网站 /APP 安全					
2.	电子服务使用的安全保障技术可靠					
3.	电子服务的安全保障技术可以保障我的个人信息安全					
4.	电子服务的完全保障技术可以保障我的账户安全					
5.	电子服务与众不同					
	社会影响（SI）					
1.	管我的人（领导、师长等）觉得我应该用电子服务					
2.	对我很重要的人（家人、朋友等）觉得我应该用电子服务					
3.	管理层在努力促进电子服务的使用					
4.	企业很支持电子服务用户					
5.	我周边那些用电子服务的人地位与声望都比较高					
	自我效能					
1.	即使身边没人帮忙，我也能用电子服务完成交易					
2.	如果遇到问题能找到人帮忙，我就能用电子服务完成交易					
3.	如果时间宽裕，我就能用电子服务完成交易					
4.	如果网站有帮助信息，我就能用电子服务完成交易					
5.	即使以前没有用过，我也能用电子服务完成交易					
6.	如果开始有人帮我一下，我就能用电子服务完成交易					
	便利条件					
1.	我具备使用电子服务所需的资源					
2.	我具备使用电子服务所需的知识					
3.	电子服务同我用的其他系统兼容					
4.	用电子服务如果遇到困难，我能够找到人帮忙解决					
5.	我能找到电子服务的使用指南资料					

第二部分以下资料仅用于统计分析，不会披露您单独的回答，请放心填答

1. 您的年龄	________岁			
2. 性别	男	女		
3. 文化程度	专科及以下	大学	硕士	博士
4. 互联网使用年限	1 年及以下	2 ～ 4 年	5 年及以上	
5. 平均每周上网次数	没使用过	1 ～ 5 次	6 ～ 9 次	10 次及以上
6. 常用的电子服务（可多选）	中国工商银行	招商银行	中国建设银行	中国银行
	中国农业银行	上海浦东发展银行	广东发展银行	交通银行
	中国光大银行	深圳银行	中信银行	兴业银行
7. 职业	学生	上班族		

问卷到此结束，非常感谢您的耐心回答！谢谢！